FRENKIE

Luca Caioli & Cyril Collot

Frenkie

Vertaald door
Pieter van der Drift

2019
THOMAS RAP
AMSTERDAM

Omslagontwerp bij Barbara
Omslagillustratie Lennaert Ruinen
Vormgeving binnenwerk Perfect Service, Schoonhoven
Druk Bariet Ten Brink, Meppel
ISBN 978 94 004 0449 6
NUR 320

thomasrap.nl

Inhoud

1.

De zwaan

Van Amsterdam Centraal naar Arkel: 1 uur en 36 minuten, twee keer overstappen, in Rotterdam en in Dordrecht, kosten van het kaartje, 2e klas: 21,97 euro met een supplement van 2,40 euro. Of anders 16,46 euro, ook twee keer overstappen, op Utrecht Centraal en in Geldermalsen, 1 uur en 23 minuten.

Dat is het reisadvies dat de NS-medewerkster met haar blauwe pakje achter de balie van het Service Center allervriendelijkst aan ons buitenlanders geeft.

De tweede optie is de snelste en de goedkoopste, maar die trein vertrekt pas over drie kwartier. En dus gaan we via Rotterdam en Dordrecht. Alleen nog even kaartjes kopen. Het is tien voor negen, dus zitten we nog in de ochtendspits. In de enorme hal van het station is het een komen en gaan van mensen die haastig rondlopen, met een bekertje koffie in de hand, koffers, rugzakken, tijdschriften en ontbijtzakjes.

Perron 14a, de intercity van de NS van 9.08 uur naar Breda is stipt op tijd. De geel-blauwe dubbeldekker zit propvol. Buiten is het mistig, de lucht is grijs, het landschap vlak, gras en water. De ruimte is beperkt, begrensd: akkers en industrieterreinen wisselen elkaar af, moderne, hoge windmolens draaien traag, snelwegen, veel verkeer, populieren, stations, huizen met puntdaken en een terras op het water van de sloten, boothuisjes. Eenenveertig minuten lang beelden die achter het raam voorbijflitsen, tot we aankomen op Rotterdam Centraal. Overstappen. Slechts twee minuten om van perron 3 naar perron 4 te komen. Eén keer met je ogen knipperen en je bent in Dordrecht; nogmaals overstappen. Check-out gele paaltje en check-in rode paaltje: om van de ene naar de andere vervoersmaatschappij te gaan. De wagons zijn rood-wit en er staat met koeienletters QBUZZ op geschreven. Binnen geeft een blauwe lijn op de vloer aan tot waar fietsen neergezet mogen worden. Op dit uur is er vrijwel in alle wagons plaats om te zitten. In de late namiddag is dat een heel ander verhaal: dan staan de mensen schouder aan schouder, studenten, arbeiders, moeders, ambtenaren, forenzen die naar huis keren vanuit Utrecht, Rotterdam of andere steden, terug naar hun woonplaats. Buiten is het overheersend groen, lange sloten, boomstronken waarin ik gerimpelde gezichten zie, schapen, steeds meer bootjes doorkruisen het landschap, wilde eenden, koeten, ganzen en zwanen dartelen rond in de poelen, kanalen, meertjes. De meeuwen die van de kust komen zijn duidelijk in de minderheid. Dijken en hoge snelheid, Friese paarden en gevlekte koeien, hoogspanningsmasten die groen zijn om niet zo af te steken in het landschap.

10.44 uur: bestemming bereikt. WELKOM IN ARKEL is

een van de eerste borden die de reizigers zien, en eronder staat ook een plattegrond van de gemeente Giessenlanden. Arkel, een druppel die uitloopt in een kromme punt, ingeklemd tussen de Linge en het Merwedekanaal. Verder zijn er plaatsjes als Hoornaar, Hoogblokland, Noordeloos, Schelluinen en Giessenburg. Onder de kaart zelfs een stratenregister. En dat allemaal bij een van de kleinste stationnetjes van Nederland. Het is een bakstenen huisje met een puntdak. Aan de zijkant zien we het wapen van Arkel, een zwaan en een schild met rode blokken, en de mededeling dat het gebouw in 1883 werd geopend, op 1 december om precies te zijn. De stationschef woonde in het linkerdeel van het gebouw, in het middendeel bevond zich het loket en rechts de wachtkamer. Vroeger waren er twee perrons, maar sinds 1980 is er nog maar één over. Tegenwoordig komen hier nog maar twee treinen per uur voorbij van de lijn Dordrecht-Gorinchem-Geldermalsen. In het oude stationsgebouw zit tegenwoordig een reclamebureau dat verder niets met de spoorwegen te maken heeft.

Langs de Parallelweg ligt een grote overkapte fietsenstalling, en in de verte rijdt een tractor door de mist, op de plek waar een bord het einde van het dorp Arkel aangeeft. Het dorp maakt sinds 1 januari 2019 deel uit van de nieuwe gemeente Molenlanden (een fusie van de gemeenten Giessenlanden en Molenwaard), provincie Zuid-Holland. Aan één kant bomen en groen, aan de andere kant de spoordijk. Na tweehonderd meter, bij een enorme zendmast, slaan we rechts af een weggetje in dat naar het hek van Sportpark Schoonzigt voert. Er wappert een wit-blauwe vlag met daarop een zwaan met gespreide vleugels en het opschrift ARKEL 1956. We zien een bord met daarop WELKOM BIJ ASV. Langs het hoofdveld en de reclameborden van de lokale sponsors (M.E.S., De Jongh Sport, Van Houwelingen, H&S Hoveniers) lopen we recht op het bestuursgebouw, de kleedkamers en de kantine af. Op deze grauwe ochtend is er niemand te zien, op twee mannen na. Ze zijn het gras aan het maaien en een probleem met de elektriciteit aan het oplossen. Hans de Bliek – zwarte bril met ronde glazen, pet op het hoofd, bijna witte baard – komt op ons vreemdelingen af en vraagt of hij ons van dienst kan zijn. Wanneer hij hoort dat Frenkie de Jong de reden van ons bezoek is, verschijnt er een glimlach op zijn gezicht en laat hij zijn vlakke hand zakken, om aan te geven dat hij het blonde knulletje al van kleins af aan kent. Eén meter nog wat, een klein ventje. 'Toen zijn vader hier op zaterdag speelde, stond Frenkie altijd tegen een bal aan te trappen, hij hield gewoon niet op, net zo lang tot het tijd was. Soms moest je hem wel één of twee keer waarschuwen dat we gingen afsluiten. Als het aan hem had gelegen was hij nooit naar huis gegaan,' legt Hans uit terwijl hij ons meeneemt naar de kantine.

Houten tafels en stoelen, de bar, flessen en ballen, eentje in Barcelona-kleuren. Tussen de twee ramen die op het veld uitkijken, wijst De Bliek naar een levensgrote poster van Frenkie met shirtnummer 6 in Oranje, en hij kijkt erbij alsof hij wil zeggen: 'En kijk nu eens hoe ver dat jochie het heeft geschopt.' Op de achtermuur zoekt onze gids de juiste kiekjes tussen een mozaïek aan foto's. Dat is nog een hele klus, omdat het er zoveel zijn. Van de jaren vijftig tot nu:

wedstrijden, feesten, glazen bier, sneeuwpret, teamfoto's uit alle jaargangen voor het nageslacht. Maar daar is hij dan eindelijk: een glimlachende Frenkie met een hand op de schouder van Youri, zijn broer, shirtje van ASV en om zijn hals de medaille van de bekerwinnaars JO19. En nog een: deze keer zijn John en Frenkie vastgelegd, vader en zoon, samen met het hele team, op de eerste rij vooraan, naast elkaar. Op de keeper na dragen ze allemaal een shirtje met horizontale strepen, en op Frenkie na zijn het allemaal veteranen met hier en daar wat kilootjes te veel en wat haren te weinig. Het bekijken van al die foto's is als het speuren naar Wally tussen een chaotische hoeveelheid aan mensen en spullen. Als we meer willen weten over de club en de jonge blonde middenvelder, zegt De Bliek, kunnen we beter vanavond rond zeven, acht uur terugkomen, dan traint het eerste, en de meiden, en de pupillen. 'Dan komt er altijd wel iemand van de club langs om te kijken hoe de zaken ervoor staan, of gewoon om even wat bij te kletsen.'

Inderdaad, we kunnen beter 's avonds teruggaan en de dag gebruiken om de buurt te verkennen, langs de wegen en de sloten van dit amper 3500 zielen tellende dorpje op de grens van Zuid-Holland en Noord-Brabant. Hier, waar Frenkie de Jong werd geboren. Ook al is hij eigenlijk drie kilometer verderop ter wereld gekomen, in het Beatrixziekenhuis van Gorinchem. In Arkel is hij opgegroeid. Hier is het mooie verhaal begonnen.

2.

Welkom in Arkel

Afspraak op het station van Arkel. Henk Gaikhorst staat ons buitenlanders op te wachten bij zijn Mercedes, stipt op tijd om 17.00 uur. Deze fitte zeventiger – grijze haren en snor, rechthoekige bril – is de voorzitter van de Historische Vereniging Arkel en Rietveld. Iemand die alle, maar dan ook echt alle wetenswaardigheden van het dorp en de omgeving kent.

Gaikhorst, oud-bouwkundige, rijdt rustig weg en slaat na de spoorwegovergang de Stationsweg in. Links groene grasvelden, rechts, in de verte, de molen Jan van Arkel, sieraad en trots van het dorp. 'De molen werd gebouwd in 1851,' legt de gepensioneerde ingenieur uit. 'Op de gevel staat te lezen dat de eerste steen op 18 augustus 1851 is gelegd door een jongen van zesenhalf die van zijn achternaam Klopper heette. Tot aan de Tweede Wereldoorlog werd er in de molen eikenschors vermalen om te verkopen aan de leerlooierijen in Gorinchem. Daarnaast werd er graan vermalen voor de plaatselijke bakkerijen. Na de Tweede Wereldoorlog werd de molen alleen nog voor veevoeder gebruikt. In de laatste jaren is de molen gerestaureerd en zijn er verschillende delen aangepast.' Gaikhorst is een vlotte prater.

De ophaalbrug over het Merwedekanaal staat open. Nog geen boot te zien, alleen maar vogels die over het water scheren op zoek naar voedsel. Als we over het kanaal zijn, rijden we rechtdoor de Schotdeuren in: een bochtige weg met lage bakstenen huisjes met grote ramen. Achter de gebouwen: groen, bomen, tuintjes. We rijden vluchtig voorbij de huizen, maar staan versteld met welk een aandacht de ruimte achter de vensters die op de straat uitkijken is ingericht. Met de grootste zorg wordt hier aan de anderen getoond dat men niets te verbergen heeft, alles open en bloot opdat de anderen, de buren, de gemeenschap je normen en je waarden kunnen aanschouwen, maar misschien ook kunnen controleren. Hoe het ook zij, je krijgt zin om te stoppen en bij een van die gezinnen van dichtbij naar binnen te gaan staan staren. Ook al doe je dat natuurlijk niet, dat is een van die ongeschreven regels.

Er zijn weinig mensen op straat, ook op het verlengde deel van de weg dat hier de Dam heet. Het zal met het uur te maken hebben. Als we bij het oude stadhuis aankomen, draaien we rechts de Raadhuisstoep in, naar het centrum van Arkel. We rijden nog even door tot onze eerste stop op het Dokter H. de Vriesplein. Een amfitheater van panden met rode stenen, balkons en een galerij met witte zuilen. En dat alles nieuwbouw, minder dan tien jaar geleden neergezet. Er is een Coop-supermarkt, een bloemist, een slager, een bakker, en in het midden van de halve boog een bejaardentehuis.

Ingrid Cardol, eigenaresse van een mode- en woonaccessoireszaak, legt uit dat Arkel 'een rustig dorp is. We kennen elkaar allemaal en respecteren elkaar, het is fijn om hier te wonen. Veel mensen werken buiten het dorp, in Rotterdam, in Utrecht, in Amsterdam, maar ook hier wordt hard gewerkt. De familie De Jong? Zeker ken ik die. Frenkie? De mensen zijn erg op hem gesteld, iedereen is dol op hem. En als hij speelt zit iedereen voor de televisie. Ik ook, hoor! Ik heb niets met voetbal, maar de wedstrijden van Frenkie kijk ik wel.'

Henk Gaikhorst begroet een vriend en we kunnen verder. Een paar honderd meter verder parkeert de ingenieur zijn auto in de Folkertsstraat, recht tegenover een wit gebouw met een rieten dak. Op de gevel een datum, 1819, en een opschrift met sierlijke letters: HET KAASPAKHUIS. De oude historische boerderij waar ooit de kaasopslag van een zuivelfabriek was gevestigd is nu een klein museum en de verenigingsruimte. De historische vereniging heeft een rariteitenkabinet opgesteld, verdeeld over de twee verdiepingen met dikke houten balken: van oud landbouwgereedschap tot dagelijkse gebruiksvoorwerpen, van een reconstructie van een burgemeesterskamer tot de helmen en veldflessen van de Amerikaanse en Engelse soldaten uit de Tweede Wereldoorlog.

'Er zijn hier in deze contreien Amerikaanse B-17- en Britse Halifax-bommenwerpers door de Duitse gevechtsjagers neergehaald, terwijl ze op weg waren naar Duitsland,' legt Henk uit.

Als de rondleiding erop zit keren we terug naar de begane grond. In het kantoortje achterin kruipt de voorzitter in zijn rol van historicus: 'Arkel heeft een ontstaansgeschiedenis die ouder is dan de meeste mensen denken,' begint Gaikhorst zijn verhaal veelbelovend. 'De eerste vermeldingen stammen uit de Romeinse periode, honderd jaar voor Christus. En vóór de Romeinen werden hier in de uiterwaarden van de Linge de eerste nederzettingen gebouwd door de Bataven, die de Rijn afzakten. De val van het Romeinse Rijk markeert het begin van de kerstening in de Lage Landen. Paus Gregorius zette een zendingsmissie op om de Germaanse heidenen te bekeren. Er werden in die periode diverse kerken gebouwd en het verhaal gaat dat in 641 op de plek waar zich nu onze Koepelkerk bevindt, een kapel werd opgericht door Swibertus, volgeling van Willibrord van Utrecht. Ja, klopt, ik weet dat het vreemd is dat de parochiekerk meer dan een kilometer buiten het dorp ligt en niet in het centrum, maar dat was de oorspronkelijke ligging. Het dorp lag vroeger meer naar het zuiden.'

Na deze opheldering volgt er direct nog een: over de herkomst van de naam Arkel ofwel Arclo. 'Waarschijnlijk is het afgeleid van *ark*, wat kleine sluis of dam betekent, en *lo*, wat een kleine rivier is. Een andere interpretatie is dat het van het Germaanse *arga*, slecht, en *loo*, bos, komt.'

Ook aan het wapen van Arkel kleeft een mooi verhaal, of beter gezegd een mooie legende: 'Daarvoor moeten we terug naar het jaar 690 na Christus. De familie Van Arkel, afkomstig uit Frankrijk, voer over de rivier de Alm onder Almkerk. Na dagen van reizen,' vertelt Gaikhorst, 'wist men niet meer welke kant op te gaan, tot er een prachtige zwaan voor de boot neerstreek. Hij vloog weg en keerde terug, hij zwom weg en keerde terug om op de boot te wachten. Hij strekte zijn lange hals uit naar de boot alsof hij wilde zeggen: volg me maar. Jan van Arkel begreep het signaal en gaf zijn stuurman opdracht het dier te volgen. "Waar deze zwaan aan land gaat, daar zal ik mijn nederzetting stichten." De zwaan zwom de Alm af, stak de Merwede over, de Linge op en ging in Arkel aan land.'

En dat is het moment waarop de sage van de Heeren van Arkel begint. Wees gewaarschuwd, *Game of Thrones* is er niets bij. Het is een sage die loopt tot het begin van de vijftiende eeuw en waarin te veel gebeurt om op te noemen: kastelen die in de as worden gelegd, belegeringen, onderlinge twisten, afgehakte koppen, decennialange oorlogen tegen de Graven van Holland, strijd over de controle van de waterwegen over wie tol mocht innen op de Waal, de Linge en de Merwede, Franse en Duitse overheersingen. De verschillende Jannen: I, II, III, IV. De bastaardzonen Otto en Willem. Jan van Arkel IV werd in 1342 bisschop van Utrecht. En dan is er nog die ene Jan van Arkel die, kerstavond 1267, op wonderbaarlijke wijze de dans ontsprong: Folpert van ter Leede stak tijdens de nachtmis de kerk van Arkel in brand om Jan te vermoorden. Geen van de gelovigen zou de vlammen overleven, op Jan zelf na dan, 'wegens roeringhe in de derme' was hij eerder naar buiten gegaan om zijn behoefte te doen.

Van de Heeren van Arkel belanden we in de Tachtigjarige Oorlog, ofwel de opstand van de verenigde gewesten, wat, zoals alle Nederlandse kinderen op school leren, het ontstaan van de Nederlanden inluidde. Van de Spaanse overheersing belanden we in de Gouden Eeuw. Dan weer het Franse juk met de Bataafse Republiek en een anekdote over Napoleon I.

Henk Gaikhorst zit boordevol verhalen. 'In 1811 ontdekt de keizer tijdens een lange inspectiereis door de Lage Landen dat sommige wegen in slechte staat waren en dus niet geschikt voor zijn leger. Zo stuit hij op de slechte, onverharde weg die van Gorinchem naar Vianen dwars door Arkel liep. Napoleon informeerde zijn jongere broer hierover, Lodewijk Bonaparte, vorst van Holland. De weg werd bestraat en zou deel gaan uitmaken van de Route Impériale, van Parijs naar Amsterdam.

Tegenwoordig is het de A2 die over de verhoging loopt. En het is dankzij de dijken, de kanalen, de spoorwegen (1893) en het wegennetwerk dat het boerendorp Arkel aan het einde van de negentiende en het begin van de twintigste eeuw werd opgestoten in de vaart der volkeren en midden in de industriële revolutie belandde.

In 1921 werd in de bossen van Villa Schoonzicht Betondak opgericht, een fabriek van bouwmaterialen. Begin jaren vijftig beleefde het bedrijf een economische boom. Er werkten zo'n zeshonderd tot zevenhonderd mensen, mensen uit Arkel zelf en de omliggende gemeentes. Het dorp groeide zelf exponentieel: om de nieuwe arbeiders van Betondak en de staalfabriek in Gorinchem eind jaren vijftig, begin jaren zestig allemaal van onderdak te voorzien wordt er een nieuwbouwwijk aangelegd, met onder andere de Prinses Beatrixstraat, daar waar Frenkie is geboren.

'De betonfabriek is decennialang heel belangrijk geweest voor het gebeuren in het dorp, ook voor het voetbal,' zegt Henk Gaikhorst, die een oude zwart-witfoto laat zien. Vijf jongens op de grond in kleermakerszit, degene in het midden houdt een bal vast, erachter drie jongens geknield en drie staand. Op één na dragen ze alle elf een wit broekje en een wit shirt. Ze staan in een goal gekaderd, drie houten palen en twee Nederlandse vlaggetjes op de grond. Op de achtergrond: zand, bomen, een paar nieuwsgierigen en heren met een strohoed. Het is een van de weinige afbeeldingen van Amicitia, van misschien wel het eerste voetbalteam van het dorp, dat in 1921 op het terrein van Betondak bij Villa Schoonzicht speelde. En het was trouwens ook Betondak dat in de jaren zestig de materialen leverde voor de kleedkamers van ASV.

De betonfabriek heeft inmiddels de deuren gesloten, maar door haar aanwezigheid in al die jaren heeft ze van Arkel een rood, socialistisch dorp gemaakt met de blik naar buiten gericht. En ook tegenwoordig zijn er allerlei bedrijfstakken in Arkel. Van bouwmaterialen tot auto-onderdelen, van textiel tot schoonmaakbedrijven: een heleboel kleine en middelgrote bedrijven bevinden zich op het industrieterrein dat Henk belooft later aan ons te zullen laten zien. En hij voegt de daad bij het woord: na het bezoek aan de oude kaasopslag is het tijd voor een toeristisch rondje.

Maar eerst gaan we langs de Koepelkerk, inderdaad een eindje van het centrum, de neoclassicistische kerk met de achtzijdige centraalbouw, de koepel en een geschiedenis aan desastreuze branden (1267, 1670, 1921) én reconstructies.

Als we langs het industrieterrein komen wijst Henk ons op een bedrijf met enorme letters op de voorgevel: DE JONG. Het is met stip de meest voorkomende achternaam in Nederland. Zo komt de naam in Arkel veelvuldig voor, maar ook in het Nederlandse voetbal. Wat dacht je van Nigel de Jong (middenvelder van Ajax, Manchester City, AC Milan, LA Galaxy, Al-Ahli Doha) en onder andere berucht vanwege zijn karatetrap op Xabi Alonso in de WK-finale in Zuid-Afrika 2010. En dan heb je nog Siem de Jong, de aan Sydney FC uitgeleende en inmiddels teruggekeerde aanvallende middenvelder van Ajax, en zijn broer Luuk de Jong, spits en topscorer van PSV, die in de transferzomer van 2019 is overgenomen door Sevilla.

Frenkie de Jong heeft in een relatief korte tijd als bekende Nederlander zijn geboortedorp op de kaart gezet. Tijdens ons gesprek over Arkel blijkt dat Frenkie niet de enige is, het dorp kent ook nog een bekende schrijver. Hafid Bouazza, oorspronkelijk afkomstig uit Oujda, in het noordoosten van Marokko, kwam in 1977 als zevenjarige naar Arkel. Samen met zijn moeder en zijn broer en zijn zusjes voegde hij zich bij hun vader, die al een hele tijd in de fabriek van het dorp werkte. Hij bleef er met zijn ouders wonen tot hij aan de Universiteit van Amsterdam ging studeren. Zijn roman *Momo* speelt zich af in een denkbeeldig Arkel, de plek waar een dromerige jongen opgroeit.

We kletsen verder terwijl de Mercedes de chauffeur en de passagiers rustig terug naar het centrum vervoert. 'In dat hoekhuis daar woont Marjon.' Henk Gaikhorst wijst naar een rijtje identieke woningen van rode baksteen, puntdaken, grote ramen en heel kleine tuintjes in de Prinses Beatrixstraat.

Marjon Schuchard-de Bruijn woont er samen met Youri, haar jongste zoon, en haar tweede man, Michel Schuchard. Sinds een landelijk dagblad haar adres openbaar heeft gemaakt, gebeurt het wel eens dat fans, nieuwsgierigen, toeristen voor het raam gaan staan of aanbellen om kennis met haar te maken om iets over haar zoon te weten te komen of om te kijken of haar zoon toevallig een vipplaats kan regelen voor de volgende wedstrijd van Oranje. Marjon is de moeder van Frenkie de Jong. Zij was degene die van zondag 11 mei tot maandag 12 mei 1997 drieëndertig uur heeft moeten persen op de kraamafdeling van het ziekenhuis in Gorinchem. De baby wilde maar niet komen, waarna de artsen uiteindelijk besloten hem er met een vacuümpomp uit te halen, maar het hoofdje schoot steeds los, waardoor Frenkie met een hersenschudding ter wereld kwam.

Het is Marjon die de naam van haar eerste kind heeft uitgekozen. Om discussies te voorkomen had ze met haar toenmalige echtgenoot, John de Jong, besloten dat zij de jongensnamen mocht kiezen en hij de meisjesnamen. John had pech: uit hun huwelijk werden twee jongetjes geboren.

Marjon was gek op *Frankie Goes to Hollywood*. Inderdaad, de Engelse synthipop-band, die halverwege de jaren tachtig – tussen de postpunk en new romantic – de hitlijsten veroverde met nummers als 'Relax', 'Two Tribes' en 'The Power of Love'. Ze veranderde de a in een e omdat ze de naam nog nooit zo gespeld had gezien en noemde hem dus

Frenkie. Later hoorde ze tot haar aangename verrassing dat Marc Overmars dezelfde naam had gekozen voor zijn oudste zoon.

Toen Frenkie de Jong elf maanden was begon hij zijn eerste stapjes te zetten. Op de box was hij echter al snel uitgekeken, tenzij er een bal aanwezig was in wat voor vorm dan ook. Hij was gefascineerd door die ronde voorwerpen. En toen hij eenmaal wat zekerder op zijn beentjes stond en door de kamer begon te banjeren, had hij altijd de drang om tegen een bal aan te schoppen als die in de buurt was.

Het moet een kwestie van DNA zijn geweest, van genen die hij van zijn familie heeft meegekregen. Want zowel bij de familie De Bruijn van moederskant als bij de familie De Jong van vaderskant zit het voetbal in het bloed. Neem nou Jan de Bruijn, de vader van Marjon en de opa van Frenkie. Hij is een jaar na het einde van de Tweede Wereldoorlog geboren in Schelluinen (een dorpje op acht kilometer van Arkel) en begon op zijn vijfde te voetballen bij de plaatselijke voetbalvereniging. Op zijn zestiende maakte hij zijn debuut in het eerste elftal, waarmee ze in een lagere afdeling van de Dordtse kolenbond uitkwamen tegen ploegen uit de omgeving: Vuren, Arkel, Brakel en Well. Een rechtsbuiten met een 'karaktertje' die nogal eens van het veld werd gestuurd. Voor één seizoen stapte hij over naar het Gorcumse Unitas, maar dat werd geen succes omdat zijn knie begon tegen te sputteren en omdat er na de training, zo zou hij later bekennen, 'alleen appelsap te drinken was...' De Bruijn werd het jaar erop door trainer Wim de Jong terug naar Schelluinen gehaald. Hij bleef er zeven jaar spelen: een gouden tijd met een gouden generatie die de vierde klasse KNVB haalde en tegen ploegen speelde als Harmandad en SHO. Na zijn actieve carrière werd hij trainer: zes jaar bij Schelluinen, vier bij Meerkerk, drie jaar bij Arkel en drie bij Leerdam Sport om uiteindelijk voorzitter van Schelluinen te worden. Zonder twijfel een mooi cv. En zijn zoon Leon, de broer van Marjon, trad al in zijn voetsporen voordat zijn kleinzoon daar de gelegenheid voor kreeg.

Hans de Jong, de vader van John, en dus Frenkies opa van vaderskant, overleed op 5 januari 2018 op 79-jarige leeftijd. Hij was bakker van beroep. Begin jaren zeventig kwam hij met zijn vrouw vanuit Spijk in Arkel wonen. In die jaren begon hij als grensrechter bij het eerste elftal en bouwde hij in de regio ook langzaam een naam op als scheidsrechter. Een man die maatschappelijk betrokken was bij de plaatselijke kerk en bij ASV. Ook trainde hij de jeugd en met name ook zijn zoon John.

De vader van Frenkie werd geboren toen zijn ouders net een jaar in het dorp waren gevestigd. Op vijfjarige leeftijd schopte hij al tegen een bal in het clubshirt van de Arkelse vereniging. Hij zou uitgroeien tot 'Mister Arkel' of 'Mister ASV' zo u wilt. Een bijnaam die hij kreeg toebedeeld na het spelen van 22 seizoenen en 780 wedstrijden waarin hij meer dan 700 doelpunten scoorde. Hij heeft een plakboek bijgehouden met krantenknipsels, foto's en de wedstrijdverslagen. Een echte nummer 10, maar zo'n fan van Johan Cruijff dat hij met rugnummer 14 speelt. Twee seizoenen heeft John de Jong in Rotterdam gespeeld, bij de jeugd van Feyenoord, maar tot een profcontract kwam het nooit. Er waren wel aanbiedingen van Kozakken Boys en Unitas, maar die liet hij lopen om lekker terug naar huis te kunnen gaan, naar ASV. En het is uitgerekend op de Arkelse club dat John Marjon de Bruijn voor het eerst ziet. Marjon speelde basketbal bij Schelluinen en was met haar vader mee, die trainer van ASV was. De liefde werd bezegeld toen ze elkaar daarna tegenkwamen in de Ponderosa, een discotheek in Hoornaar, en in 1994 trouwde het stel. Een huwelijk dat standhield tot vijf jaar geleden, toen Marjon en John zijn gescheiden.

Marjon zit tegenwoordig in de thuiszorg. John is parkeercontroleur in Delft en voetbalt nog steeds bij de senioren van ASV. Achttien jaar geleden nam hij Frenkie, die toen vier jaar was, mee naar het sportterrein van ASV. En het was hier dat hij en zijn schoonvader Jan de Bruijn al snel merkten dat hun kleine blonde knulletje jongens van de mat speelde die twee keer zo oud waren als hij... Dat hij ongelooflijk talentvol was.

Een blik op het horloge leert ons dat we weer terug richting het station moeten, terug naar het sportterrein van ASV. In minder dan tien minuten zet Henk Gaikhorst ons af op de Parallelweg 2 voor het hek van Sportpark Schoonzigt. We nemen dankbaar afscheid. Een paar stappen en we zijn al bij het hoofdveld van de club met de zwaan.

3.

Wit en blauw

De meiden hebben de training er net op zitten. Lachend en kletsend stappen ze op hun fietsen en rinkelend met hun bel rijden ze de weg op naar het station. De jongens van het eerste elftal lopen een voor een het veld op naar Leon Elands, de trainer, om met de warming-up te beginnen. Vier of vijf opgeschoten pubers die nog op hun teamgenoten wachten schieten kanonskogels af op het doel die soms vervaarlijk langs de hoofden schampen van de vaders en moeders die hun zoons of dochters komen ophalen. In de verlichte kantine zitten mensen koffie te drinken, anderen komen nog even iemand begroeten voor de training begint. Het is gezellig druk deze avond bij ASV Arkel. De Bliek had gelijk: beter om rond dit uur langs te komen.

Rocco Ooms, 54 jaar, bestuurslid voetbalzaken en teammanager van het eerste elftal, en zelf ook actief voetballer geweest, zit aan een hoek van de tafel. Om over de club met de zwaan te praten heeft hij een fotoboekje meegenomen met zwart-witfoto's en een aantal mapjes met het clubembleem. Documenten die 'een kleine blauw-witte historie' vertellen. Een historie die begint op 1 oktober 1956, althans officieel. Toch is een kleine correctie op zijn plaats, omdat er op 23 februari 1928 al een club werd opgericht met de naam ASV. Behalve voetbal was er ook een korfbaltak. Het veld lag op de Vlietskade, niet ver van de molen Jan van Arkel. Maar vanwege de Tweede Wereldoorlog werd de club in 1941 opgeheven.

Na de oorlog was er wel weer sprake van om een sportvereniging op te richten, maar pas in 1956 werd de daad bij het woord gevoegd en besloot men een nieuwe sportclub te stichten. Er was geen plek voor korfbal of gymnastiek, men richtte zich alleen op het voetbal. Voorzitter Baardman ging in gesprek met de gemeente over een mogelijke accommodatie voor de nieuwe club. Uiteindelijk werd aan de overkant van het spoor een geschikte plek gevonden voor de aanleg van een veld. Toen de club zich inschreef om in 1957 aan de competitie mee te kunnen doen, was er haast geboden en werd er in de gauwigheid een noodveld aangelegd. De KNVB aanvaardde de inschrijving, maar het noodveld voldeed niet aan de juiste afmetingen. Met enige clementie werd aanvaard dat ASV zijn eerste wedstrijden uit mocht spelen.

Het zou overigens tot 1961 duren voordat het sportpark, dankzij de inzet van vrijwilligers inzamelingscampagnes zoals de zegelactie van Persil, het materiaal van Betondak en financiële bijdragen van de leden, het uiterlijk van een volwassen sportpark begon te krijgen met vier kleedkamers, een kantine en een washok. Het hoofdveld werd op 19 augustus 1961 officieel in gebruik genomen met een wedstrijd tussen Unitas en CVV Rotterdam.

Tegenwoordig heeft de Arkelse Sport Vereniging drie voetbalvelden, een trainingsveld, kleedkamers, een fraaie kantine waar mooi ingelijst de shirtjes van Frenkie worden tentoongesteld, rugnummer 24 van Willem II en nummer 21 van Ajax, en ten slotte is er ook nog een van Barcelona, met paars-blauwe blokken en het opschrift F. DE JONG. Daarnaast het gele shirt van Kenny Anderson, een middenvelder die ook hier is opgegroeid en die via RKC Waalwijk naar Heart of Midlothian ging in Schotland, om uit te komen bij de amateurs van Quick Boys.

'We hebben momenteel vierhonderd leden en tweehonderdvijftig spelers verdeeld over achttien teams: twee meidenelftallen (O13 en O17), elf jongenselftallen (van O9 tot O19) en vijf seniorenelftallen. En ons eerste elftal,' legt Ooms trots uit, 'speelt in het seizoen 2019-2020 in de 2e klasse C – Zuid 1. We zijn gepromoveerd door, voor het tweede jaar op rij, kampioen te worden. Kun je nagaan, de laatste keer dat we daarvoor kampioen waren, was in 1977.'

Het is opvallend dat een dorp met 3500 zielen zoveel actieve leden heeft, zeker als je beseft dat er op een steenworp afstand nog veel meer clubs zijn, zoals Gorcumse Jonge Spartanen, Unitas, SVW.

'We zijn geen grote club maar we bestaan 63 jaar en we zijn en blijven vooral een gezellige club, een familie,' legt Ooms uit. En om dat te bewijzen hoeft hij maar door het fotoboekje te bladeren dat de teammanager met zich heeft meegenomen. Speciaal uitgegeven in oktober 2006 ter gelegenheid van het vijftigjarig bestaan: plaatjes van teams in witte shirts van alle leeftijden, actiefoto's, affiches, krantenartikelen, maar vooral ook beelden van hoe het sociale leven van de club zich ontwikkeld heeft: de eerste kantine, een houten barak met reclameborden van Coca-Cola en Heineken; de vrijwilligers die aan het werk zijn om de kleedkamers te bouwen of sneeuw van het veld te ruimen; carnavalsfeesten; kerst; een chic etentje; barbecues; dansavonden; verjaardagen en zelfs overnachtingen in tenten voor de kleintjes.

Het is in deze gezellige, familiaire sfeer – bij een club waar opa Jan trainer van het eerste elftal is geweest en waar zijn vader een legende is – dat Frenkie zijn eerste stapjes als voetballer zou zetten.

Tom de Jonge, 33 jaar, woont tegenwoordig in Breda en werkt in Oisterwijk bij een snoepfabrikant. Maar hij is opgegroeid in Arkel en hier begon hij te voetballen met het nummer 6 of 8 op zijn rug.

Zeventien jaar geleden was hij de eerste trainer van Frenkie de Jong. 'Ik zat nog op de middelbare school, maar was wel vijf à zes dagen in de week bezig met trainingen, wedstrijden en toernooien, voetbal stond in alles op nummer één. Ik wilde ook wel een centje bijverdienen en toen ik een baantje zocht en hoorde dat ze bij de club op zoek waren naar een trainer voor de allerkleinsten greep ik direct mijn kans. Kon ik ook meteen iets terugdoen voor de club die me zoveel had gegeven.'

Laten we teruggaan naar de tijd dat hij de toekomstige middenvelder van Barça leerde kennen. 'Hij was vijf jaar. Normaal moest je zes zijn om je in te kunnen schrijven, maar voor hem werd een uitzondering gemaakt omdat hij die drive had en hij tijdens de open dagen daarvoor indruk had gemaakt. Daarbij was zijn vader een van de spelers van het eerste elftal. Frenkie was de kleinste van allemaal: zijn sokken kwamen tot over zijn bovenbenen, en zijn broek viel tot over zijn knieën en het shirt, ach... was een stukkie te groot. Het leek wel een jurk. En toch was hij veruit de beste, hij was jongens van één, twee jaar ouder voetballend de baas. Niet dat hij naast zijn schoenen liep, hoor, hij was sociaal, vriendelijk en hulpvaardig. Hij was veruit de beste, ook al had ik destijds niet kunnen bedenken dat hij zo'n grote zou worden. Hij was echt fanatiek, ik bedoel: hij kwam met een voetbal aan zijn voet binnen en ging uren later nog steeds pingelend weg, voetbal was zijn leven. Kinderen van die leeftijd zijn snel afgeleid tijdens de training of de wedstrijd en het is lastig om geconcentreerd te blijven. De een plukt een bloemetje, de ander kijkt naar een koe in de wei, weer een ander staart naar de bomen langs het veld, Frenkie niet. Hij was altijd geconcentreerd, altijd op de bal gericht.'

Het is Rocco Ooms die ongeveer hetzelfde vertelt: 'Ik weet nog dat we met zijn vader en andere vrienden bij de rivier waren. Een zonnige dag, een paar biertjes erbij en lekker zwemmen. Iedereen was in het water aan het spetteren, op Frenkie na dan. Hij moet zes of op zijn hoogst zeven zijn geweest en stond in zijn eentje op het gras met de bal te spelen. Zo ging het altijd. Als hij brood ging halen met zijn moeder liep hij naast haar met een bal aan zijn voet, de hele weg tot ze weer thuis waren. Dat is echt niet overdreven, iedereen hier in het dorp herinnert zich hem met een bal aan zijn voet. Ook bij de club was vanaf het begin duidelijk dat dat blonde jongetje met het blauwe broekje en het witte shirt met daarop de tekst RIA & JAN een bijzonder talent had.'

'Wat nog de meeste indruk op me maakte,' vervolgt Tom de Jonge, 'is hoe Frenkie de ruimte opzocht. Terwijl zijn teamgenoten allemaal op een kluitje voetbalden. Waarom met zestien schreeuwende jongens op een kluitje blijven staan als daar alle ruimte van de wereld ligt om te scoren?' Hij kijkt er met een goed gevoel op terug: 'Ik heb hem maar één seizoen getraind, het allereerste seizoen van Frenkie bij de club. Bij mij stond plezier voorop, voor hem en al zijn teamgenootjes, daarna keken we wel hoe we zouden gaan spelen. Maar omdat ik het op zaterdag en zondag zelf druk had met de wedstrijden, gaf ik het stokje over aan John, Frenkies vader.'

John de Jong zette het werk dat Tom was begonnen voort in het tweede seizoen van Frenkie bij de F'jes. En hij gaf het stokje weer door aan Jan van Vliet. Die nog niet zo lang geleden in een interview grapte: 'Of ik hem nog iets heb bijgebracht? Dat zou ik niet durven zeggen. Ik heb zelf ook gevoetbald maar dat was vergeleken bij Frenkie op een zeer bescheiden niveau. Het was wel snel duidelijk dat hij het ver zou schoppen. Ik weet nog dat hij bij mijn schoonouders tegen de poortdeur stond te trappen. Met links en met rechts de ene knal na de andere, ze werden er helemaal horendol van.'

Na vele omzwervingen, die hem in Rotterdam brachten

bij de amateurs van Feyenoord, bij FC Dordrecht en ten slotte bij LRC Leerdam, is Dylan Verschoor teruggekeerd naar Arkel. Hij is 23 jaar, een jaar ouder dan Frenkie. Deze linksbuiten, actief in de wegenbouw, speelde als kleine knul een seizoen samen met De Jong, hier bij ASV. 'Maar wat ik me nog het beste herinner,' zegt Dylan, 'zijn onze partijtjes elke dag op straat. We gingen samen naar De Lingewaard, de dorpsschool, en na de lessen of tijdens de vakantie waren we alleen maar aan het voetballen. Ik liep langs zijn huis, een paar honderd meter van het mijne, we speelden met een hele groep tot het donker werd. Het maakte niet uit waar: op straat, op het pleintje. De goal was een garagedeur of we maakten ze zelf met twee truien en twee rugzakjes op de grond. Frenkie was ontzettend goed. Als je niet oppaste speelde hij je drie, vier keer door de benen in één potje. Hij was dol op het leren van trucjes om de tegenstander te verrassen. Of gewoon om zichzelf te verbeteren. Ik weet nog dat Frenkie op een gegeven moment aan het oefenen was met zo'n kleinere bal. Hij had ergens gelezen dat Johan Cruijff dat ook had gedaan om zijn balcontrole te verbeteren. En dus ging hij meteen aan de slag. Frenkie was toen al een talent. Ook al was hij klein en mager en was hij doodsbang voor honden. Een keer had ik per ongeluk het hek open laten staan en sprongen onze drie honden op hem af om hem te begroeten, maar hij begon als een gek te gillen en door de straten te rennen.'

Voor welke club was Frenkie eigenlijk? 'Hij en zijn vader waren voor Feyenoord, net als ik. Zijn idool? Messi. Ja, hij is altijd weg geweest van Barça. En nu mag hij het blauwpaars gaan dragen en met Messi gaan spelen.'

Justin Vlietstra, de trainer van de JO19, loopt naar het veld en komt terug met een jongen. We worden aan elkaar voorgesteld. Youri de Jong, blauw Chelsea-shirt ('Grapje van mijn moeder,' zegt hij), haar een beetje door de war, komt direct over als een wat extraverter type dat gemakkelijk kletst. Geboren in Gorinchem, in hetzelfde ziekenhuis als zijn broer, en hij zit in Gorinchem op school, maar woont met moeder Marjon in Arkel. Op 7 februari 2019 is hij zeventien jaar geworden. Hij is vijf jaar jonger dan Frenkie. Hij speelt bij ASV met nummer 6, middenvelder, 'dezelfde rol als mijn vader en mijn broer, ook al is Frenkie misschien meer een 8, en speelt hij offensiever dan ik'. Hij heeft onlangs zijn debuut in het eerste gemaakt en de districtsbeker gewonnen met de JO19 onder het toeziend oog van zijn broer, en hij heeft in het team meegespeeld waarin zijn vader John nog elk weekend zijn kunsten vertoont.

Youri is laat gaan voetballen. Hij was een turntalent. Zijn specialiteit het paard. Hij heeft aan NK's meegedaan, maar op zijn tiende ruilde hij de Gymnastiekvereniging OKK Gorinchem in, om voor zijn plezier bij ASV te gaan voetballen.

Laten we het over Frenkie hebben. Wat is zijn beste eigenschap?

'Ik denk zijn karakter: hij is heel open, staat voor iedereen klaar. Een rustige jongen, die graag thuiskomt. Hij is niets veranderd sinds hij beroemd is geworden. Hij heeft nog steeds dezelfde vrienden, hetzelfde kleine clubje. Oude ploegmakkers zoals Sander Dekkers, die hier nog speelt. Frenkie is niet iemand die geld uitgeeft aan dure auto's, horloges of kleding. Hij is blij als wij blij zijn. Hij is ook verlegener dan ik, hij praat niet veel, terwijl ik niet kan stoppen. Ik heb denk ik wat meer van mijn vaders karakter, we zijn drukker, opgewonden standjes, terwijl Frenkie duidelijk veel kalmer is. Maar ik kan ook best kalm zijn soms.'

Hoe gaat dat eigenlijk tussen twee broers? Is er sprake van jaloezie?

'Nee, absoluut niet. Ik ben niet jaloers. We hebben een heel goede band. Ik vind het leuk om samen dingen te doen. Als Frenkie even tijd heeft komt hij naar Arkel. Toen hij bij Ajax speelde kwam hij minstens één of twee keer per week. Dan gingen we voetballen of stappen met vrienden. We hebben altijd heel veel samen gedaan. Ruzie hebben we bijna nooit, ook als kind zijn we elkaar niet in de haren gevlogen. De passie voor het voetbal? Die komt van mijn vader, hij is degene die eerst mijn broer en daarna mij heeft uitgelegd hoe je moet spelen, hoe je op het veld je positie moet kiezen. Hij heeft recht van spreken want hij heeft hier zoveel jaren gespeeld, met rugnummer 14, en enorm veel doelpunten gemaakt. Maar ik speel niet zoals mijn broer, hoor, ik ben niet beter dan hem,' lacht Youri. 'Maar op de PlayStation wel. Ik win bijna altijd van hem. Bij FIFA speel ik altijd met Juventus omdat ik fan ben van Cristiano Ronaldo, ook al vind ik Messi de beste speler van de wereld. Mijn broer speelt met Barcelona of met Manchester City. Ik denk er niet aan om Frenkie achterna te gaan en profvoetballer te worden. Ik weet nog niet goed wat ik wil gaan doen, maar ik denk dat ik het liefst iets met economie wil gaan studeren.'

Hoe denk je dat hij het gaat doen bij Barcelona? 'Het zal

niet gemakkelijk worden, want het is weer een niveau hoger dan Ajax, maar ik denk dat Frenkie in staat moet zijn om een basisplek te veroveren. Want het type voetbal dat Ajax en Barcelona spelen ligt dicht bij elkaar: het is hetzelfde systeem, spelen op balbezit, techniek, talent, veel combinaties op het middenveld. Het is het perfecte team voor hem. Jammer dat het wel wat lastiger wordt om hem te zien. In Amsterdam kon ik naar alle thuiswedstrijden die Ajax speelde en soms ook naar uitwedstrijden...'

Zeg je iets tegen hem als hij bijvoorbeeld een goede wedstrijd heeft gespeeld? 'Zeker. Ik bel hem vaak op en dan zeg ik eerlijk wat ik denk: als hij goed heeft gespeeld maar ook als hij een stomme fout heeft gemaakt, zoals toen hij in het Bernabéu de bal aan Benzema verspeelde.'

Hoe is jouw leven veranderd met zo'n beroemde broer? 'Veel meer mensen kennen me nu, ze komen sneller naar je toe, ze vragen me om een foto, of een handtekening, een shirtje of kaartjes. En toen de geruchten begonnen over zijn transfer, eerst naar PSG en daarna naar Barcelona, kwamen er een heleboel mensen langs zoals jullie, journalisten, televisie, die alles over Frenkie wilden weten.'

Remie Schuurman werkt bij SOT Media, een bedrijf dat zich bezighoudt met communicatie, social media, websites, videoproducties en marketingstrategieën. 'Een van de mooiste dingen die we maken,' legt hij uit, 'is een digitaal tv-kanaal voor Gorinchem.'

Remie is 25 jaar, hij is de nummer 10 en de aanvoerder van het eerste elftal van ASV Arkel. 'We zijn voetbalamateurs, niemand van ons verdient een cent. Sommigen studeren nog, anderen werken. Bij het spoor bijvoorbeeld, zoals onze spits, of als verkoper, gymleraar of maatschappelijk werker. Ik ben begonnen in Gorinchem bij wat grotere, betaalde verenigingen, maar op mijn twintigste ben ik in Arkel terechtgekomen. En ik was verrast dat er in zo'n klein dorp, op een wat lager niveau, zoveel mensen naar onze wedstrijden komen kijken. En veel enthousiaster dan wat ik in Gorinchem gewend was. De mensen hier leven echt mee met het team. Als je naar de winkel of de supermarkt gaat en aan de mensen vraagt wat ze het komend weekend gaan doen, zullen ze vaak zeggen: "Ik ga naar ASV kijken." De mensen van hier zijn gek op voetbal en de plaatselijke jeugd kiest ervoor om hier te voetballen. Dat is natuurlijk mede vanwege Frenkie. Als we nu ergens spelen krijg je te horen: "Komen jullie uit Arkel? Ah, van Frenkie." Dus we zijn niet meer ASV Arkel maar we zijn de club van Frenkie. En iedereen vraagt of je hem kent, hoe hij is... Vriendelijk, sympathiek, helemaal geen sterallures als hij hier gewoon naar Sportpark Schoonzigt komt.'

Verrast dat hij naar Barcelona gaat? 'Nee, een verrassing was het niet. Zijn transfer was eigenlijk een logische stap in zijn carrière. Misschien dat de mensen wel een beetje zijn geschrokken van het enorme bedrag dat Barça heeft neergelegd voor een jochie uit Arkel. Mij heeft het niet verbaasd want ik weet wat hij waard is. Ik heb hem zien spelen toen ik klein was, hij speelde als jeugdinternational samen met mijn broer Jari, die even oud is. Hij had nummer 10 en was klein, zijn tegenstanders waren in elk geval een stuk groter. Je zag hem voortdurend om zich heen kijken. Hij wist altijd wat er gebeurde of ging gebeuren op het veld. Hij was altijd twee stappen voor op zijn tegenstanders. Dat geweldige spelinzicht heeft hij altijd gehad. Hij ziet de ruimte en is iedereen voor. De keuze voor Barcelona is de beste keuze die hij had kunnen maken, ook gezien de historische band die er tussen Nederland en Spanje bestaat, en dan met name tussen Ajax en Barcelona. Ik ben er honderd procent van overtuigd dat hij het gaat maken in La Liga.'

En wat vinden de mensen in Arkel ervan? 'Die zijn allemaal beretrots op Frenkie en hopen dat hij het goed zal doen bij Barça. Ook de Feyenoord-fans lopen weg met Frenkie. Hij heeft iedereen bij elkaar gebracht.'

'Straks speelt hij aan de zijde van Leo Messi en Luis Suárez,' voegt Rocco Ooms eraan toe, 'maar voor ons is en blijft Frenkie die gewone jongen die Arkel nooit zal vergeten, dit is zijn club en dit zijn zijn vrienden. Een jongen die, als hij geen verplichtingen heeft, gewoon bij ons naar Arkel komt als er hier iets wordt georganiseerd. Hij is de vedette van Oranje die eind mei trainers Youri en Nik de Bruin kwam helpen bij de JO13, zeg maar als assistent-trainer. Voor die kleintjes is hij een held. Maar voor ons zal Frenkie altijd het jongetje blijven dat met de bal aan de voet brood ging kopen.'

4.

De Tricolores

'Ik krijg een telefoontje van een oud-collega van me, Cor van Batenburg, en die zegt: "Maurice, er loopt in Arkel een geweldig spelertje rond, hij heeft talent en ik denk dat hij het gaat maken. Kun je eens komen kijken?" Na jarenlang voor Willem II gewerkt te hebben, was Cor scout voor Feyenoord geworden. Met mij was hij eerlijk: hij vertelde me dat hij familie was en dat hij hem liever niet naar Rotterdam wilde halen. We kenden elkaar goed en Cor had bedacht dat hij bij een wat kleinere club waarschijnlijk beter tot zijn recht zou komen, zich beter zou kunnen aanpassen. Op dat moment,' vertelt Maurice Buurstede verder, 'was ik een netwerk van scouts aan het opzetten in België en had ik geen tijd om naar Arkel te gaan. Maar Cor bleef aandringen: "Je moet absoluut komen, want die jongen is echt goed. Heel, heel erg goed. Het is de moeite waard... en als jullie hem niet nemen gaat hij naar Feyenoord."

Hij wist me uiteindelijk te overtuigen en dat weekend ging ik naar Arkel, naar ASV, om een blik op Frenkie te werpen. Ik moet eerlijk zeggen dat dat een ongelooflijk moment was. Hij was klein, de kleinste van allemaal, maar toen ik hem zag spelen kreeg ik kippenvel. In één oogopslag was duidelijk dat hij zowel technisch als tactisch boven de rest uitstak. De maandag erop zei ik tegen het bestuur van Willem II dat ik een van de grootste talenten van zijn generatie op het oog had, en dat ik hem, als ik hun was, zo snel mogelijk zou uitnodigen om een test af te leggen en meteen de knoop door te hakken. Donderdag organiseerden we een trainingspotje. De jongen stelde niemand teleur. Alle jeugdtrainers waren akkoord dat hij zou blijven, dat hij een plek zou krijgen in onze voetbalacademie. Nee, ik had nog nooit een jongen gezien met zijn technische kwaliteiten en zijn inzicht. Hij was van de buitencategorie, hij verloor geen enkele bal, alle passes kwamen aan, hij bestreek het hele veld, een box-to-box-speler. Frenkie is een geweldige voetballer en ik ben blij dat hij naar Barcelona gaat omdat het voor hem de meest geschikte club is.'

Maurice Buurstede is van beroep leraar op een basisschool in Breda. Kinderen heeft hij genoeg gezien, in de schoolbanken en op de voetbalveldjes. En blijkbaar heeft hij een goede neus voor jonge voetbaltalentjes. In zijn carrière als scout heeft hij ook Moussa Dembélé ontdekt, de Belgische middenvelder die in het seizoen 2005-2006 bij Willem II speelde voordat hij naar AZ ging, en Virgil van Dijk, de aanvoerder van Oranje, verdediger van Liverpool en beste speler in de Premier League 2018-2019, die bijna drie jaar voor de Tricolores uit Tilburg uitkwam.

'Het is inderdaad best bijzonder dat een kleine Eredivisieclub zoals Willem II spelers van het kaliber Dembélé, Van Dijk en Frenkie in de gelederen heeft gehad,' zegt Buurstede, die momenteel scout is voor de KNVB Onder 13.

Het jochie uit Arkel was acht jaar toen hij na drie seizoenen bij de F-pupillen van ASV naar Tilburg vertrok. Een keuze die voor de familie De Jong ('een warme familie', zegt Buurstede) niet gemakkelijk is geweest. En het was niet de eerste keer dat ze voor een dilemma stonden. 'Een jaar eerder,' zou Frenkie later vertellen aan *Regio-Voetbal*, 'werd ik al gescout, ook door Feyenoord. Ik heb een halfjaar stage gelopen, zowel bij Feyenoord als bij RKC Waalwijk. Maar mijn ouders vonden mij toen te jong om de overstap al te maken.'

Een jaar later stonden ze weer voor een lastige keuze. Hoe moeilijk is het om je kind zo ver van huis te sturen? Is het wel verstandig om op achtjarige leeftijd alles op het voetbal te zetten? Wat als hij het niet redt? En als we hem niet laten gaan, komt hij dan over een paar jaar klagen dat we hem iets door de neus hebben geboord? Dat soort gedachten gaan er allemaal door het hoofd van vader, moeder, opa's en oma's. En dan is er nog het punt dat de familie supporter van Feyenoord is en dat de Rotterdammers hem wel in hun opleiding willen hebben. Kortom, Marjon en John moeten heel goed bedenken wat de beste club voor hun zoon is. Uiteindelijk kiezen vader, moeder en zoon voor Tilburg.

De familie De Jong heeft een goed gevoel bij Willem II, ze treffen daar een aangename sfeer, een stuk gemoedelijker dan in Rotterdam. 'Feyenoord, Ajax en PSV zijn grote bedrijven,' zegt Rocco Ooms, 'terwijl Willem II een kleine, bescheiden club is, een middenmoter. De rivaliteit is iets minder groot dan bij de grote kweekvijvers. Ze houden kortom een goed gevoel over aan de ontmoeting met de leiding van de Tricolores. En dat niet alleen: er waren ook praktische redenen om voor Tilburg te kiezen, zoals bijvoorbeeld het busje van de club dat de jongens in de regio ophaalde en na de training weer thuis afzette, of de samenwerking met een middelbare school in de stad.'

En wie weet heeft in de keuze, die uiteindelijk goed uitpakte, ook de ervaring meegespeeld van John de Jong, die een tijdje bij Feyenoord speelde, maar na een teleurstellende ervaring terug naar zijn dorp kon keren.

Wilber Hack, journalist van het *Brabants Dagblad*, is ervan overtuigd 'dat Willem II destijds de meest serieuze kandidaat was. Frenkie en zijn familie hebben voor Tilburg gekozen omdat het een club was waar hij voetbaltechnisch kon groeien, waar hij meer kans had om het eerste elftal te bereiken, om daarna de sprong naar een grotere club te kunnen maken. Vergeet vooral ook niet dat in die jaren,' gaat Hack verder, 'de voetbalacademie van Willem II een hele goede reputatie had.'

Van Arkel naar Tilburg is het 55 kilometer. Als het verkeer op de A27 een beetje doorstroomt ben je met de auto in drie kwartier in de Noord-Brabantse stad. De stad Tilburg wordt voor het eerst genoemd in een document uit 709 (*Actum publice Tilliburgis*). In de vijftiende eeuw is het Jan van Haestrecht die het Kasteel van Tilburg laat bouwen. Het wordt in 1858 afgebroken om plaats te maken voor een fabriek, maar de wachttorens zijn nog steeds terug te vinden in het logo van de stad. In de tijd van Haestrecht was de economie vooral gebaseerd op de schapenteelt, mede daardoor groeide Tilburg in de achttiende eeuw uit tot de belangrijkste wolstad van Nederland. Op 18 april 1809 verleende Lodewijk Bonaparte, vorst van het Koninkrijk Holland, tijdens zijn reis door Brabant en Zeeland stadsrechten aan Tilburg. Destijds bestond de populatie uit negenduizend zielen. Volgens de laatste telling zijn er 217.342 inwoners. Na de wederopbouw na de dramatische gebeurtenissen tijdens de Tweede Wereldoorlog heeft Tilburg zich ontwikkeld tot een moderne, dynamische en industriële stad. Ook de textielcrisis van de jaren zestig – toen de basiseconomie van de stad in rook opging en massaontslagen volgden doordat het ene na het andere wolbedrijf dichtging, gevolgd door de leerlooierijen en de schoenfabrieken – is de stad wonderwel te boven gekomen. Tegenwoordig is de industrie niet meer afhankelijk van één bedrijfstak en een stuk diverser, van transport tot de dienstensector, denk onder andere aan bedrijven als FUJIFILM Manufacturing Europe en Bosch Transmission Technology. En dan hebben we het nog niet over de universiteit met meer dan vijftienduizend studenten verdeeld over honderd nationaliteiten en met internationaal aanzien op het gebied van economie, business, rechten en psychologie. Nee, Tilburg is geen klassiek Hollands toeristenstadje: hier geen grachten, geen rondvaartboten, geen herenhuizen uit de Gouden Eeuw. Hier wordt de skyline bepaald door een roodgranieten wolkenkrabber, hoofdkantoor van het verzekeringsbedrijf Interpolis, door de Westpoint-woontoren, een appartementencomplex van beton en glas van 142 meter hoog, en door de StadsHeer, die in 2007 is opgeleverd en ook wel gekscherend de 'vogelkooikes' wordt genoemd vanwege de aangeplakte kubusvormige balkons.

Maar Tilburg is ook een aangename stad met veel groen en stadsparken en met een centrum dat is gericht op shoppen en uitgaan. Kijk maar naar de Heuvelstraat: kroegen, restaurants en winkels zo ver het oog reikt. Een paar honderd meter verder komen we op de Heuvel. Aan de ene kant staan de twee puntige torens en de vergulde klok van de neogotische Sint-Jozefkerk, die ook wel de Heuvelse kerk wordt genoemd en uit de tweede helft van de negentiende eeuw stamt. Aan de andere kant de grote Pathé-bioscoop, en het standbeeld van Willem II die vredig uitkijkt over fonteinspuiters en het komen en gaan van de jongens en meiden op de terrassen van dit aparte driehoekige plein. Koning Willem II heerste van 1840 tot 1849 over Nederland en hij was erg op Tilburg gesteld: 'Hier adem ik vrij en voel ik mij gelukkig.'

Van het plein waar zijn standbeeld staat naar het stadion dat zijn naam draagt is het een tiental minuten met de bus. Een paar haltes met lijn 8, langs de hoge bomen van de Goirlese Weg, en dan duikt de goudgele gevel van het Koning Willem II Stadion op. Een lange rechthoek bakstenen, bijna een perfect Lego-bouwsel met veel ramen en vensters. Het embleem met de clubkleuren rood, wit en blauw. Vlaggen wapperen, spandoeken met teksten voor het volgend seizoen, de fanshop links van de hoofdingang, die uit een glazen pui bestaat. Voor de ingang, op het midden van het plein: het standbeeld van Jan van Roessel, de aanvaller die van 1951 tot 1957 in 168 wedstrijden 152 goals maakte in het shirt van Willem II.

Binnen, op de tweede verdieping, is er verrassend genoeg een congres bezig dat niets met voetbal te maken heeft. De aanwezige mensen leggen het uit: delen van het stadion worden op sommige dagen toch niet gebruikt en daarom wordt die ruimte verhuurd voor allerlei evenementen. Terwijl we wachten op Wouter Janssen, de perschef van Willem II, die in vergadering zit, neuzen we wat langs de glazen vitrines die uitgestald staan bij de deuren die toegang geven tot het veld. Hier staat en hangt alles van de club bijeen: vaantjes, ballen, shirtjes, oude foto's, bekers, posters...

Willem II kent een lange geschiedenis. Die begint in 1896. Grondlegger is Gerardus Christiaan de Ruiter, geboren op 17 december 1876 in Soerabaja. Als jonge wees groeide hij op in Amsterdam bij zijn oom en tante. Hij studeerde aan de hbs en ging daarna naar de Middelbare Technische School. En het is in deze periode dat hij het voetbal ontdekte en bij R.A.P. ging spelen, een club die in 1887 in Amsterdam is opgericht. Voor zijn eindexamen aan de mts moest Gerardus een praktisch jaar afronden, iets wat we nu een stage zouden noemen, bij de NS-hoofdwerkplaats te Tilburg. Daar kwam hij in contact met een aantal schooljongens die op het internaat in Oudenbosch zaten en plannen hadden om een cricketclub op te richten, maar Gerardus wist ze te overtuigen dat voetbal de toekomst had.

Het lukte Gerardus om op 12 augustus 1896 twaalf jongens bijeen te krijgen in Café Marinus in de Monumentstraat. Genoeg voor een elftal. Zo wordt 'Footballclub Tilburgia' opgericht. De vader van Theo Marsé, een van de twaalf Brabantse voetbalapostelen, schenkt de jongens een bal. Gerard, die als enige bekend was met de nieuwe sport, gaf meteen een demonstratie midden op de Heuvelstraat. Hij overdreef het een beetje en schoot de bal door de etalage van beddenwinkel 'Het Witte Lam'. Geen gelukkige opening voor de man die de eerste aanvoerder van het team zou worden, maar dat mocht de pret niet drukken... het voetbal veroverde terrein. Ook in de *Nieuwe Tilburgsche Courant.* De lokale krant ruimde een vaste plek in voor die gekken die achter een bal aan renden en in de stad al snel 'de ballenschuppers' werden genoemd. Op 14 januari 1898 zou Gerardus Christiaan de Ruiter, voordat hij op de boot naar Nederlands-Indië vertrok, in café Broeckx op de Markt de vergadering bijwonen waarin werd besloten de naam van de club te veranderen. In plaats van Tilburgia werd gekozen voor Willem II, ter ere van de koning der Nederlanden die in Tilburg zijn militaire hoofdkwartier had tijdens de Belgische opstand en hier stierf in 1849.

Gerardus keerde pas weer in 1923 naar Nederland terug. Tien jaar later zou hij sterven, zij het zonder verder nog contact te hebben opgenomen met de club waarvan hij de grondlegger was, wellicht vanwege zijn slechte gezondheid.

Intussen had Willem II een paar enorme stappen gezet. In 1904 trad de club toe tot de Nederlandse voetbalbond en in het seizoen 1915-1916 werden de Tricolores voor de eerste keer landskampioen en doorbraken ze de hegemonie van Sparta Rotterdam en HVV Den Haag die al jaren voortduurde.

Tijdens de bezettingsjaren veroverde het team uit Tilburg de harten van de Nederlandse fans. Want van 1940 tot 1945 was de Nederlandse driekleur verboden, koningin Wilhelmina was met haar gevolg naar Engeland uitgeweken, en de Duitsers vonden het niet goed dat er straten vernoemd bleven naar nog levende leden van het Koninklijk Huis. De enige plek waar men een Nederlandse koning kon vereren én voor de nationale driekleur kon applaudisseren, in de vorm van een voetbalshirt, was het Tilburgsch Sportpark aan de Goirlese Weg. In die jaren had Willem II een sterk team dat aanvallend speelde en vaak won. Op 11 mei 1944 veroverde het team aan het Sportpark Aalsterweg in Eindhoven de eerste KNVB Beker. Groene Ster werd met 9-2 verslagen. Man of the match was Wim Engel, bijgenaamd 'de zotte Engel'. Hij scoorde maar liefst zevenmaal.

Begin jaren vijftig was de gouden periode van de Tricolores. In het nieuwe stadion – het Gemeentelijk Sportpark wordt in 1948 in gebruik genomen – werd tweemaal de landstitel behaald. De eerste keer, in het seizoen 1951-1952, als winnaar van een van die vier hoofdklassen (in een opzet met in totaal 56 teams), werd Willem II de winnaar van de kampioenscompetitie tegen Hermes DVS, HFC Haarlem en Ajax. In het seizoen 1954-1955 moeten de Tilburgers het opnemen tegen NAC Breda, PSV Eindhoven en FC Eindhoven. Ze werden in dat jaar de eerste kampioen van het betaald voetbal, dat de KNVB net daarvoor had ingevoerd.

De landstitel 1954-1955 is de laatste die Willem II zou winnen. De enige andere titel die de Tilburgers nog aan hun vitrinekast zullen toevoegen is de tweede KNVB Beker. Die werd gewonnen in 1963 door ADO Den Haag in het Zuiderpark met 0-3 te verslaan. Een zege die toegang gaf tot het eerste Europese avontuur, in de Europacup II. Een bijzonder avontuur, ook al lagen ze er in de eerste ronde uit. De Tricolores mochten het op 25 september 1963, uitgeweken naar Rotterdam, opnemen tegen het Manchester United van de Busby Boys. Het werd 1-1. Echter, op 15 oktober werden de Nederlanders op Old Trafford omvergeblazen door uitblinkers als Dennis Law en Bobby Charlton: 6-1.

Willem II mocht in het seizoen 1999-2000 nog een keer Europa in. In het seizoen ervoor hadden de door Co Adriaanse getrainde Tricolores zich dankzij de tweede plek achter landskampioen Feyenoord direct geplaatst voor de groepsfase van de Champions League. Loting wees uit dat ze in een poule zaten met Sparta Praag, Spartak Moskou en Bordeaux. Het eindresultaat: laatste van de groep met twee punten, vier nederlagen, twee gelijke spelen, vijftien goals tegen en zeven voor. Het zou het allerlaatste Europese avontuur van de Tilburgers zijn.

De afgelopen decennia is Willem II een club die bungelt tussen de Eredivisie en de Eerste Divisie, die aan elkaar hangt van hoogte- en dieptepunten, een club met financiële problemen, dreigende faillissementen, voortdurende bezuinigingen en vermeende staatssteun. Van vaste middenmoter, tot degradatiekandidaat, tot promovendus. Een club die, hoe dan ook, in diezelfde periode spelers in zijn gelederen heeft gehad van het kaliber Marc Overmars (die in het seizoen 1991-1992 het shirt van de Tricolores droeg),

Jaap Stam (1995-1996) en Sami Hyypiä (1995-1999).

'Tja, we zijn een van de oudste clubs van Nederland. Logisch dat je dan heel wat memorabilia hebt,' zegt Wouter Janssen, die zich uit zijn vergadering heeft kunnen vrijmaken om ons te verwelkomen. 'Het zou een museum waard zijn... Misschien dat we daar op een dag in slagen,' zegt de persvoorlichter terwijl hij de deuren opent die toegang geven tot het veld. Het gras is prachtig groen en de witte stoeltjes van de tribune aan de overkant schrijven WILLEM II TILBURG in de verder blauwe stoeltjes en rode trappen, met links achter de goal de KingSide, waar de fanatieke aanhang zit, en rechts op de dakrand de vaste spreuk TROTS VAN HET VOETBALLAND.

'Het stadion is in 1995 officieel geopend en heeft veertienduizend overdekte zitplaatsen, maar helaas hebben we alleen een uitverkocht huis wanneer we grote clubs als Ajax, PSV en Feyenoord ontvangen,' legt Janssen uit. Hij draait zich om, maar voordat we weer naar binnen gaan voegt hij er nog aan toe: 'Zonde dat Frenkie hier slechts een handjevol minuten heeft gespeeld.'

5.

Een klein blond jochie

In de perszaal van Willem II haalt Rob Hendriks zijn telefoon tevoorschijn om zijn Facebookprofiel te bekijken. Hij zoekt een foto. Het duurt eventjes maar uiteindelijk kan hij hem aan ons laten zien: een klassieke pose van een elftal voor de wedstrijd. Hij wijst naar een blond jongetje dat samen met zijn leeftijdgenootjes op de foto staat, allemaal in een shirt met de rood, wit, blauwe strepen. Het is Frenkie de Jong.

'Ik kan me zijn eerste dag hier nog goed herinneren,' vertelt Hendriks, jeugdtrainer bij de Tricolores (onder andere het seizoen 2006-2007 en 2009-2010) en tevens coördinator van de voetbalacademie. 'Het was een klein en mager blond jochie. Toch maakte hij indruk op een groot veld, hij viel meteen op door zijn techniek en zijn spelinzicht. Hij was er altijd met zijn hoofd bij, ieder moment van de training, ieder moment van de wedstrijd. Altijd bezig met waar de bal is en waar de ruimte lag. Hij probeerde het fysieke duel met de tegenstander zo veel mogelijk uit de weg te gaan en zocht altijd naar de beste manier om de bal bij een vrije medespeler te krijgen. Hij wist waar en hoe zijn tegenstanders gepositioneerd stonden en was de verdedigers altijd te snel af. Ik weet nog dat de trainers van de clubs waartegen we speelden steevast vroegen wie dat kleine blonde jochie was. En als je zijn naam eenmaal hoort, vergeet je hem niet meer. Want Frenkie is een goede naam voor een Nederlandse voetballer, Nike drong er zelfs op aan om alleen FRENKIE op zijn tenue van Barcelona te zetten, maar gelukkig hebben ze uiteindelijk voor F. DE JONG gekozen. Het is een mooi jongensboek. Ik weet nog dat zijn opa hem naar de training of naar de wedstrijd kwam brengen en hem weer kwam ophalen.'

Ach ja... opa Jan de Bruijn. Op zijn 58e ging hij met pensioen en bood hij zich aan om als chauffeur te fungeren voor zijn voetballende kleinkind, dat bij de voetbalacademie van Willem II ging spelen. Het kleinkind dat hem zo doet denken, vanwege zijn manier van lopen en hoe hij de ruimte opzocht, aan zijn zoon Leon (Frenkies oom), die misschien ook wel profvoetballer had kunnen worden, maar die zijn baan niet wilde opgeven. Het kleinkind dat de mentaliteit en het spelinzicht heeft van John de Jong, zijn schoonzoon. Hoe dan ook, opa Jan legde zich toe op het vervoeren van de jongen, en oma Rita, zijn vrouw, zorgde dat het lievelingseten van Frenkie en Youri op tafel stond: aardappels en boontjes voor de oudste, spinazie voor de jongste en voor allebei een gehaktbal.

Van Arkel naar Tilburg: 55 kilometer heen en 55 kilometer terug. Je moet er wat voor overhebben om een droom na te jagen. Ook voor Willem II was het geen normale keuze.

'In die leeftijdscategorie van 8 tot 9 jaar kiezen we normaal alleen voor spelers uit Tilburg en omgeving,' legt Hendriks uit, 'maar voor hem maakten we een uitzondering. Wat me zo trof? Weet je, als ik Frenkie nu zie voetballen zie ik dezelfde voetballer van dertien, veertien jaar geleden. Altijd aanspeelbaar, bal vast aan de voet, ieder moment klaar voor een intuïtieve actie: een kort steekballetje, een dribbel dwars door het midden, een breedtepass, een hoge voorzet, een plotselinge acceleratie. Hij was heel snel en legde de bal neer waar hij wilde. Terwijl op die leeftijd kinderen normaal met zijn allen op een kluitje spelen, zorgde Frenkie dat hij altijd ruimte genoeg om zich heen had. Bij zijn eerste balcontact stond hij altijd vrij, dan keek hij met de bal aan de voet wat de beste optie was. Hij speelt nog precies hetzelfde als toen.'

Zo te horen was Frenkie een intelligente, pientere jongen, maar de oud-trainer laat wel doorschemeren dat hij ook zo zijn eigen ideeën kon hebben. Of zeg maar gerust eigenwijs kon zijn. 'Wanneer de trainer voor de wedstrijd zijn bespreking houdt en uitlegt hoe hij wil dat er gespeeld gaat worden, met welke tactiek en welk systeem, wat doen we in de aanval, wat doen we in de verdediging... dan is het normaal gesproken zo dat de spelertjes toekijken en hun mond houden. Maar bij Frenkie was dat anders,' herinnert Rob Hendriks zich, 'die zat altijd met zijn hand omhoog, klaar om los te barsten: "Maar trainer, kunnen we het niet zo proberen?" Hij had altijd eigen ideeën. En de trainer moest dan weer zeggen: "Nee, Frenkie, vandaag spelen we zoals ik het zeg. Ik wil dat jij als nummer 10 met de punt naar achter speelt en op je positie blijft, anders moet je in de omschakeling steeds veertig of vijftig meter extra rennen." Als de wedstrijd dan vijf minuten bezig was, zag je hem overal op het veld bezig: ballen veroveren, een tegenstander passeren, een aanval opzetten. En zijn teamgenootjes begonnen al snel de bal aan hem te geven, omdat ze wisten dat hij er iets mee deed.'

Trainer Hendriks kan zich niet een wedstrijd in het bijzonder herinneren: 'Want iedere wedstrijd had bijzondere momenten: een mooie passeerbeweging aan de bal, een steekballetje, een beslissende voorzet, zoals die keer op Sam Lammers, die later naar PSV ging. Zeventig tot tachtig procent van zijn doelpunten waren op assist van Frenkie. Hij was altijd de kleinste van het team, maar hij had iets bijzonders. Als we aan een toernooi meededen bleven de scouts van Nederlandse en buitenlandse teams maar staan kijken. Dat kleine en blonde magere jochie dat zo gemakkelijk met de bal liep en met mooie passjes strooide, maakte op iedereen indruk.'

Een andere foto: de blonde jongen is wat gegroeid, een klein beetje. Zijn haar zit wat vlotter en hij draagt een blauw shirt. 'Vanaf het seizoen 2009-2010 begonnen we met de voetbalacademie in samenwerking met RKC Waalwijk en ons tenue was blauw,' zegt Hendriks. Het doel van de fusie van de twee jeugdopleidingen, schreven de kranten destijds, was om de concurrentiepositie te verbeteren ten opzichte van andere jeugdopleidingen en om talenten uit de buurt een betere doorstroommogelijkheid te bieden naar de A-selecties van de clubs. 'Maar eigenlijk,' stelt journalist

Wilber Hack, 'stond Willem II op de rand van het faillissement en was er geen geld meer om de eigen academie voort te zetten en de jonge talenten op te leiden. De voetbalbond schoot destijds verenigingen te hulp die bereid waren om samen te werken, omdat de bond de jeugdopleiding op een aantal plekken wilde concentreren. Dus de Regionale Jeugdopleiding Willem II/RKC, die jonge spelers opleidt vanaf de D-pupillen tot aan de A-junioren, is eigenlijk opgericht vanwege het geld en de premies van de bond.'

Dat klinkt niet echt als een solide basis. 'Na vijf jaar begonnen de problemen en het getouwtrek rondom spelers zulke vormen aan te nemen dat de samenwerking werd opgezegd,' legt Rob Hendriks uit, 'en het seizoen 2013-2014 werd het laatste jaar. RKC zette onder de naam Brabant United een academie op met FC Den Bosch, terwijl wij met onze eigen kweek verdergingen. Hoe dan ook, de vijf jaar van de fusie is Frenkie altijd hier in Tilburg gebleven voor trainingen en wedstrijden. Hij is nooit naar Waalwijk gegaan. Dit was zijn club, hier had hij het naar zijn zin.'

Frenkie de Jong zou jaren later in een interview zeggen dat hij wat minder blij was met de Regionale Jeugdopleiding Willem II/RKC omdat de kwaliteit van de trainingen, zoals ze de eerste jaren aan de academie van de Tricolores werden gegeven, eronder te leiden had.

Dat is achteraf. Maar op het moment dat Frenkie tijdens de periode van de RJO Willem II/RKC in de C1 als 14-jarige een oproep krijgt voor Oranje Onder 15, is hij zo blij als maar zijn kan. Dat blijkt in elk geval uit het interview dat hij op 30 november 2011 aan *Regio-Voetbal* geeft. Het blonde jochie vertelt over zijn leven als jonge puber tussen voetbal en school. Hij legt uit hoe zijn dag eruitziet, en hoe alles is veranderd nu opa Jan hem niet meer naar de trainingen brengt. Hij vertrekt heel vroeg uit Arkel met zijn voetbal- en zijn schooltas, want om 7.30 uur staat het minibusje van Willem II voor het station van Gorinchem, vijf kilometer van zijn huis. Frenkie zit altijd links achterin, samen met Julian Calor en Niek Favier. Zo halen ze nog een heleboel jonge talenten op zoals Vasco Oerlemans, Victor van den Bogert en Kevin Cornet. De chauffeur heet Alfons van der Jonckheyd, een Belg uit Wuustwezel, die duidelijke instructies heeft gekregen van de club: als de jongens te druk zijn en herrie maken, blijf je net zo lang stilstaan tot ze zijn opgehouden. Naar het schijnt is dat slechts één keer voorgekomen. Het is een mooi groepje bij elkaar: ze lachen en ze kletsen, kijken nog wat leerstof door of maken nog even snel op het laatst wat huiswerk, ze kaarten en ze discussiëren over wie er beter in de punt van de aanval van Oranje is: Huntelaar of Van Persie. Na stops in Werkendam, Oosterhout, Breda en Gilze-Rijen komt het busje aan in Tilburg. Tijd om naar school te gaan. De basisschool De Lingewaard in Arkel is ingeruild voor het Koning Willem II College in Tilburg, Frenkie zit in de derde klas van de havo. 'Ik heb een zogenaamde Topsportstatus. Naast acht voetballers zitten er in mijn klas ook basketballers, tennissers, hockey- en ook ijshockeyspelers. Zowel bij Willem II als het Nederlands elftal zijn ze heel streng. Ze kijken niet alleen naar de voetbalcapaciteiten, maar houden ook de schoolcijfers in de gaten.'

Op het Koning Willem II College heeft hij les tot halfdrie en daarna is het tijd voor de training. Na een lange dag komt hij tegen zes uur thuis. Anderhalf, twee uur per dag in een busje is niet niks voor zo'n jonge knul. Maar Frenkie zag het niet zitten om in Tilburg te gaan wonen. Er was de mogelijkheid om bij een gastgezin ondergebracht te worden, maar Frenkie koos ervoor bij zijn moeder en broer te blijven. Hij is zich ervan bewust dat een profvoetballer offers moet brengen, en hij maakt daar geen probleem van. En al helemaal niet met het Nederlands jeugdelftal. 'De afgelopen weken,' vertelt hij, 'ben ik een paar keer in Zeist geweest. Na de wedstrijden van het district werd ik begin november opgeroepen voor de selectiewedstrijden van Oranjes onder de vijftien jaar. De eerste selectie bestond uit honderd spelers, waarvan er bijna zestig afvielen. Op 1 november moest ik mij melden in Zeist, samen met nog drieënveertig spelers. Daarvan bleven er tweeëndertig over. Tijdens een driedaagse stage afgelopen week is het A-team samengesteld. Maandag hoorde dat ik ben geselecteerd bij de eerste zestien spelers die als Oranje internationale wedstrijden gaan spelen. De andere helft wordt uitgenodigd voor het schaduwteam en blijft dus ook in beeld bij de KNVB. De komende weken krijgen we extra trainingen. In het voorjaar spelen we tegen Turkije en Duitsland. Tijdens dit soort sessies krijg ik altijd vrij van school. Ik hoef geen lessen te volgen, maar moet natuurlijk wel huiswerk maken.'

Het gaat kortom goed met Frenkies ontwikkeling, zowel bij Oranje als bij Willem II. 'Enkele seizoenen heb ik zelfs een leeftijdscategorie hoger gespeeld. Nu niet, ik speel met leeftijdsgenoten in de C1 tegen mooie tegenstanders als Feyenoord, Sparta, PSV, Heerenveen, VVV, NEC en NAC. We staan op een prachtige tweede plaats, achter Feyenoord, maar wel voor onze aartsrivaal PSV. Van Feyenoord verloren we met 9-1, maar PSV versloegen we in eigen huis met 1-3. Volgend seizoen worden we overgeheveld naar de B2. Om vervolgens de overstap te maken naar de B1, de A1 en de Beloften. Alles gaat geleidelijk en volgens een vast patroon.' Er wordt al voorzichtig nagedacht over een eerste profcontract dat de club met vader John zou moeten uitwerken, maar er is nog tijd. In de tussentijd vertelt Frenkie wie hij op dat moment de beste voetballers vindt: 'Barcelona met Messi of Arsenal en Van Persie, dat is top. In Nederland vind ik Christian Eriksen van Ajax een goede speler.'

Jos Bogers was destijds de trainer van Frenkie en heeft hem twee seizoenen onder zich gehad bij de O14 en de O15. Vanuit Breda, waar hij werkt als fysiotherapeut, vertelt de jeugdtrainer van Willem II met genoegen over zijn oude pupil. 'Ik heb van mijn leven nog nooit zo'n talent gezien. Er zijn spelers die goed worden dankzij hun trainingsarbeid, door het blijven oefenen en oefenen op een passeerbeweging, een goed schot... Frenkie is een natuurtalent. Zijn gave heeft hij van boven meegekregen. Waar hij het meest in uitblinkt? Zijn positie op het veld. Hij heeft een ongelooflijk spelinzicht en weet exact wat er om hem heen op het veld gebeurt, hij ziet de openingen en weet een fractie van een seconde eerder dan de rest wat er gaat gebeuren. Alsof hij een paar extra ogen van Moeder Natuur heeft meegekregen. Het feit dat hij zo klein was, zowel ten opzichte van zijn tegenstanders als zijn teamgenoten, heeft hem denk ik geholpen. Daardoor moest hij zijn techniek en anticipatievermogen ontwikkelen. Fysiek kon hij het niet winnen, maar hij kreeg al snel door dat hij ze te slim af kon zijn met zijn bewegingen en zijn inzicht. Ik herinner me dat hij met de O14 aan het einde van het seizoen een toernooi speelde in Duitsland. Op die leeftijd zijn de Duitse tegenstanders allemaal groot en sterk, van die klerenkasten. En Frenkie was de allerkleinste van het hele toernooi, maar uiteindelijk werd hij wel mooi verkozen tot beste speler. We speelden ook echt heel goed, we kwamen in de finale, we versloegen FC Köln. We wonnen na penalty's en De Jong maakte de zijne. We hadden echt een fijn team, zowel de O14 als de O15... In het seizoen 2011-2012 werden we in de Eerste Divisie B tweede achter PSV met Steven Bergwijn en Sam Lammers in de gelederen.'

December 2012, een koude dag. Ali Dursun, een lokale spelersbegeleider die parttime voor het koeriersbedrijf van zijn broer werkt, staat langs de lijn te kijken naar de wedstrijd van zijn stiefzoon Mike, die bij de D1-pupillen van Willem II speelt. Als Mike aan het douchen is, loopt Dursun nog even naar een van de andere velden om een blik op de C1 te werpen. Dan ziet hij een blond jongetje met rugnummer 10 iets ongelooflijks doen. De keeper schiet de bal ver uit en de middenvelder pakt de bal in zijn loop uit de lucht aan, vervolgens maakt hij een Zidanedraai en geeft hij bijna achteloos een perfecte steekpass op zijn naar binnen knijpende ploeggenoot, die direct kan scoren. Een mooie actie van de aanvaller, maar Dursun staat met open mond te kijken naar dat jochie met zijn blonde haren. Hij is zelfs zo onder de indruk dat hij de autosleutels aan zijn vrouw geeft zodat ze alvast naar huis kan rijden, want hij moet gewoon nog even naar die jongen blijven kijken. Dursun blijft hem nog een paar wedstrijden volgen en zoekt dan contact met vader John en opa Jan. En zo ontstaat er een band die tot een hechte vriendschap met Frenkie zou leiden. Dursun wordt zijn zaakwaarnemer, zijn vertrouweling, zijn raadsman én degene die jaren later het megacontract met Barcelona zou sluiten.

6.

Een ontluikende romance

Op 16-jarige leeftijd tekent Frenkie zijn eerste profcontract bij Willem II. Zijn droom 'als ik later groot ben wil ik profvoetballer worden' begint steeds duidelijkere vormen aan te nemen. Niet dat hij een plan B had. Natuurlijk was hij wel op school gebleven, maar welke richting hij moest kiezen... Geen idee.

Het is Marc van Hintum, technisch directeur van de club, die Frenkie in augustus 2013 een driejarig contract met de club laat ondertekenen (een opleidingsovereenkomst die afloopt in 2016), een zogeheten 'koelkastcontract', dat vooral door clubs gebruikt wordt om een jonge speler vast te houden. Daarmee was de constructie dicht en kon hij niet meer door anderen worden ingepikt. 'Het ging om kleine bedragen, reiskostenvergoeding, kleding,' zegt Rob Hendriks, die het bedrag niet bekend wil maken. Dan voegt hij eraan toe: 'Ik was er blij mee, ik had hem zien groeien. Ik wist hoe talentvol hij was en hoopte dat hij zich snel bij de A-selectie zou voegen.' Dat hoopt de Arkelnaar zelf ook, die heeft gekozen voor een rustige strategie van kleine stapjes.

Hij weet dat er andere clubs interesse hebben, en niet alleen uit Nederland, denk aan clubs als Liverpool of Bayern München, dat hem heeft uitgenodigd voor een trainingsstage. Maar Frenkie voelt zich prima in Tilburg en stelt zich ten doel snel zijn debuut te maken bij het eerste elftal van Willem II... en daarna zien we wel weer verder. Het is bewust een andere keuze dan de korte weg die een paar van zijn teamgenoten proberen te nemen, zoals Sam Lammers en Bilal Ould-Chikh, die al direct naar grotere clubs zijn uitgevlogen: de een naar PSV, de ander naar FC Twente.

Met zijn eerste contract begint Frenkie aan zijn negende seizoen bij de Tricolores: 2013-2014. Hij speelt in de B1 en voor het tweede jaar op rij is hij aanvoerder met rugnummer 10. Op school heeft hij het ook druk met zijn havodiploma, maar de meeste aandacht gaat toch uit naar het voetbal. Naast Willem II is zijn doel geselecteerd te worden voor Oranje O17. Jammer dat het seizoen slecht begint. In de eerste competitiewedstrijd tegen PSV raakt hij geblesseerd, maar eind oktober staat hij weer op het veld, en hoe! 'Ja, Frenkie was met 16-17 jaar een van de beste spelers van de academie. Hij was de leider op het veld. Laat je niet misleiden door die verlegen glimlach van hem: op die leeftijd stuurde hij met zijn handen of zijn stem spelers aan die ouder waren. En die accepteerden dat zonder problemen. Iedereen wist dat het niet lang meer zou duren voordat hij zijn debuut in het eerste zou maken en dat hij later bij een van de grote Nederlandse profclubs zou terechtkomen. Maar dat hij op zijn 22e al zo'n carrière achter de rug zou hebben, dat hij naar Barcelona zou vertrekken en zou uitgroeien tot een van de toppers van het Nederlands elftal, nee, dat had ik destijds niet kunnen bevroeden. Ik bewonder hem,' zegt Jos Bogers enthousiast, 'omdat hij zich steeds weer stapsgewijs heeft weten te verbeteren. En nog steeds is er marge om door te groeien. Hij heeft zijn top nog niet bereikt, hij kan nog veel meer.'

De aanvoerder van de B1 heeft het er maar druk mee. In de voorjaarsvakantie van 2014 krijgt hij een uitnodiging van Arsenal voor een trainingsstage. Een fantastische ervaring natuurlijk, maar tussendoor moet hij ook nog zijn havodiploma halen op het Koning Willem II. Het college waar ook Mikky Kiemeney op zit. Ze is een jaar jonger dan Frenkie (geboren in Hilvarenbeek, 17 april 1998) en is de dochter van Marc Kiemeney en Barbara Rijcken. Ze heeft twee broers, Bing en Billy, en ze is een hockeytalent. Haar positie: mid-mid of voorstopper. Met de C1 van HC Den Bosch wint ze twee keer het Nederlands kampioenschap en op 25 oktober 2015 maakt ze haar debuut in het eerste elftal tegen Bloemendaal (10-0 voor de meiden in het zwartgeel). Maar uiteindelijk zou ze het profhockey vaarwel zeggen omdat ze altijd pijn aan haar rug had en het plezier was kwijtgeraakt. Ze wordt model en groeit uit tot influencer. In 2018 wint ze de WAGS-Award (Wifes and Girlfriends) van *Voetbalzone* & FHM. En als ze in 2019 in Barcelona aankomt, lanceert ze haar kledinglijn voor zowel dames als heren: *Mikky Ki* met als slogan 'Try the impossible'.

Maar dan zijn we al weer een paar jaar verder, eerst moet de liefde nog ontluiken. Mikky heeft net als Frenkie de topsportstatus, maar de twee zitten niet bij elkaar in dezelfde klas en kennen elkaar niet. Als ze op een dag de nieuwe groepsfoto's bekijken van de topsporters, vraagt Mikky aan een vriendin: 'Zit hij ook bij ons op school? Dat is wel een leuke jongen.' Wat ze niet in de gaten heeft, is dat een klasgenoot van De Jong naast haar staat en meteen naar hem toe gaat om het te vertellen. Hij dikt het lekker aan en zegt dat hij heeft gehoord dat Mikky hem een stuk vindt. Dat is misschien wat overdreven – Mikky benadrukt jaren later dat ze dat helemaal niet gezegd heeft en Frenkie eigenlijk maar een klein ventje vond – maar het leidt er wel toe dat het zaadje voor de romance is geplant. Want nog diezelfde avond ontvangt Mikky een vriendschapsverzoek op Facebook. Frenkie vraagt haar nummer. Wanneer ze elkaar de volgende dagen op school tegenkomen is het allemaal vooral heel ongemakkelijk. En als haar hockeyteam er lucht van krijgt, beginnen ze haar ook nog eens uit te lachen vanwege zijn grappige voornaam. Hoe dan ook, de twee maken voorzichtig contact via WhatsApp. Het duurt nog een tijd voordat ze hun eerste afspraakje maken. Dat gebeurt thuis bij Frenkie. Bij Mikky is dat onmogelijk, want dan zou ze nog maanden flauwe opmerkingen van haar twee broers krijgen. Frenkie en Mikky kijken samen televisie, ze kletsen en spreken af om samen uit eten te gaan bij Happy Italy. Het gaat allemaal heel voorzichtig, maar de twee beginnen wel een klik te krijgen en vanaf dat moment laten ze elkaar ook niet meer los. Het is een druk bestaan: zij hockeyt, hij voetbalt, en als ze tijd hebben komen ze naar elkaars wedstrijden kijken. Beiden zitten in het eerste elftal met alle trainingen van dien en dan nog al het huiswerk.

In dezelfde periode gebeurt er iets wat het anders zo rustige Tilburg even op zijn kop zet: de club Willem II wordt opgeschud door een heus omkoopschandaal. Het nieuws slaat in als een bom. Nederland is op dat moment, in tegenstelling tot landen als Italië, Portugal of Duitsland, nog niet eerder in verband gebracht met wedstrijden die zijn 'gefixt'. En eigenlijk had ook vrijwel niemand verwacht dat het zou gebeuren. Echter, op 17 januari 2015 onthult *de Volkskrant* gegevens uit een eigen onderzoek waaruit zou blijken dat Willem II mogelijk een aantal wedstrijden heeft gemanipuleerd in het seizoen 2009-2010. Er wordt gesproken over een goksyndicaat uit Singapore, dat de betrokken spelers van Willem II samen bij elke omgekochte wedstrijd honderdduizend euro zou betalen. De afspraak was dan wel dat men met meer dan twee doelpunten verschil moest verliezen. Wedstrijden die onder andere verdacht worden genoemd zijn Ajax-Willem II, de 4-0 van 17 oktober 2009 met doelpuntenmakers Enoh, Sulejmani, Pantelić en Suárez; en de 1-0 van 19 december in De Kuip, Feyenoord-Willem II, met slechts één doelpunt van Cissé aangezien de Rotterdamse club kans op kans miste en dus werd er waarschijnlijk niet uitbetaald...

Hoofdverdachte is Ibrahim Kargbo, die van 2006 tot 2010 bij de Tilburgse club speelde. Hij zou degene geweest zijn die de contacten onderhield met de Aziaten en het geld ontving na de wedstrijd tegen Ajax. Het is overigens niet de eerste keer dat hij wordt beschuldigd van matchfixing (de voetbalbond van Sierra Leone schorste hem in 2008 na verdenking van een wedstrijd tegen Zuid-Afrika). Op dat moment wuift Kargbo alle beschuldigingen weg.

Op verzoek van de aanklager betaald voetbal stelt de KNVB een eigen onderzoek in. Willem II reageert met een persbericht: 'Wij zijn geschrokken van de berichtgeving en het heeft ons onaangenaam verrast. Manipulatie past uiteraard niet bij de normen en waarden waar Willem II voor staat. Wij zijn ook van mening dat we manipulatie in de sport samen moeten bestrijden. Het doel van alle partijen moet zijn om het vertrouwen in de sport te handhaven. Vanzelfsprekend zullen wij alle medewerking aan een eventueel onderzoek verlenen om de onderste steen boven te krijgen.'

Op 15 februari 2016 staat er op de site van de KNVB te lezen: 'De Integriteitseenheid van de KNVB heeft voor het eerst officieel vastgesteld dat er in het Nederlandse betaald voetbal matchfixing heeft plaatsgevonden. Uit het onderzoek van de eenheid blijkt dat Ibrahim Kargbo, destijds speler van Willem II, een afspraak maakte met matchfixer Wilson Raj Perumal over verlies van Willem II in de wedstrijd tegen FC Utrecht op 9 augustus 2009.' Maar er is meer: Kargbo en Perumal hebben op 14 november 2009 ook nog een benefietwedstrijd georganiseerd tussen Willem II en Sierra Leone met als doel deze te manipuleren voor gokdoeleinden. Operationeel directeur Gijs de Jong van de KNVB: 'We weten dat matchfixing niet stopt bij de landsgrenzen. Toch is het slikken nu het officieel vaststaat. Voor Willem II, hun fans en iedereen die betrokken is bij het voetbal.'

2015 is het jaar waarin het Nederlands voetbal zijn onschuld verliest. Een roerig jaar ook voor Frenkie en Mikky, er staat een heleboel op het punt te veranderen.

7.

Een langverwacht debuut

Een minuut stilte. Twee teams staan tegenover elkaar in de middencirkel. Het publiek is overeind gekomen op de tribunes. De speaker memoreert dat vijf dagen daarvoor, op tachtigjarige leeftijd, Louis de Zwart is overleden, oud-verdediger, die tussen 1956 en 1959 zeventig wedstrijden voor de Tricolores speelde.

Het is 14.28 uur, zondag 10 mei 2015, een mooie, zonnige dag. Willem II speelt thuis in het eigen stadion met een rouwband om, het is de een-na-laatste wedstrijd van de Eredivisie, seizoen 2014-2015. Tegenstander is ADO Den Haag in het klassieke groen-geel. Er staat weinig op het spel, behalve dan het thuispubliek nog een keer goed te vermaken. Want na het matchfixingschandaal heeft de ploeg, gecoacht door Jurgen Streppel, zich van zijn beste kant laten zien en de fans weer trots gemaakt: het doel, namelijk lijfsbehoud, is al een groot aantal speelrondes voor het einde bereikt, een resultaat dat de stoutste verwachtingen overtreft. De Tilburgers staan comfortabel negende, slechts vier punten verwijderd van de play-offs voor de Europa League (beste klassering sinds 2003-2004, toen ze als zevende eindigden). Het landskampioenschap, dat is ook al een poosje duidelijk, is voor de tweeëntwintigste keer voor PSV, de verdere Europese tickets zullen worden uitgedeeld aan Ajax, AZ, Vitesse en Groningen, de bekerwinnaar.

Het nieuws in het *AD* van de week ervoor kwam van ADO-keeper Martin Hansen. De Deen had forse kritiek op de clubleiding omdat hem geen verbeterd contract was aangeboden. En hij haalde ook uit naar zijn aanvoerder, Roland Alberg, omdat die tijdens een clinic voor kinderen alleen maar met zijn telefoon zat te spelen. Na de aanval volgen de excuses, zowel binnen de club als publiekelijk, maar zonder resultaat: deze zondag zal Martin Hansen niet spelen in het Koning Willem II Stadion. Tussen de palen staat zijn vervanger: Robert Zwinkels.

Het eerbetoon aan Louis de Zwart wordt afgesloten met een lang applaus. Scheidsrechter Siemen Mulder geeft het beginsignaal. Op een spandoek wordt Streppel bedankt voor het mooie seizoen en het goede voetbal. De eerste helft verloopt zonder veel opzienbarende momenten. De Tilburgers controleren de wedstrijd maar het overwicht wordt niet uitgedrukt in doelpunten. In de 20e minuut protesteert de thuisclub na een overtreding op Samuel Armenteros binnen de zestien meter. Maar Mulder laat zich niet intimideren en wijst niet naar de penaltystip. In de tweede helft lijken de twee ploegen uit hun lenteslaap ontwaakt. Tot groot genoegen van de 12.400 toeschouwers wordt er door beide ploegen steeds meer de aanval gezocht. Na een uur spelen is het dan eindelijk raak. Op aangeven van Robert Braber is het Armenteros die scoort. Het is de 62e minuut en de Zweedse aanvaller met Cubaanse roots maakt zijn tiende goal van het seizoen. Een paar minuten later is het Mitchell Dijks, de talentvolle linksback, die de 2-0 op zijn voeten heeft, maar helaas. In de 67e minuut volgt de eerste wissel bij de thuisclub: rugnummer 7, linksbuiten Terell Ondaan, gaat eruit voor rugnummer 24. Met het rood-wit-blauw gestreepte shirt, zwarte rouwband om, blauwe schoenen, blonde kuif en zijn pientere gezicht drukt De Jong de hand van zijn ploegmaat en loopt op een rustig drafje naar zijn positie in het veld. De harde kern van de Tricolores applaudisseert en scandeert luidkeels 'Frenkie de Jong, olé-olé!'

Het is het Eredivisiedebuut van de zoon van 'Mister Arkel' en Marjon. Twee dagen voor zijn achttiende verjaardag. Een langverwacht debuut. Misschien te lang. Frenkie traint al een hele tijd met het eerste elftal, maar hij heeft slechts twee keer zijn opwachting mogen maken, en dat waren vriendschappelijke wedstrijden tijdens de winterstop op trainingskamp in het Turkse Belek. Op 9 januari mag hij voor het eerst spelen van Streppel, in de 61e minuut komt hij erin voor Tim Janssen tegen FC Volendam, in een wedstrijd die met 4-2 door de Volendammers wordt gewonnen. Drie dagen later mag hij het veld in tegen Sporting Charleroi. Een paar minuten nadat hij Bruno Andrade heeft vervangen vindt Frenkie, na een vrije trap, het hoofd van Robert Braber, die met een rake kopbal de gelijkmaker scoort. In de laatste minuten van de wedstrijd heeft de A-junior zelfs de kans om van dichtbij zijn club op voorsprong te schieten, maar het lukt hem niet de bal achter de Belgische keeper te frommelen. En dat was het. Tot 10 mei krijgt De Jong geen enkele speelminuut meer bij het eerste elftal.

Het was nog even twijfelachtig of hij wel speelklaar was voor deze voorlaatste wedstrijd van de competitie, vanwege een vermeende liesblessure: 'Afgelopen donderdag had ik een knietje op mijn bovenbeen gekregen, een paardenkus. Met mijn lies is niets aan de hand,' zou Frenkie later uitleggen. Sterker nog, eigenlijk had De Jong gehoopt al vanaf het begin mee te mogen doen, als basisspeler. Maar uiteindelijk mag hij dan toch laten zien wat hij waard is. En dat is gemakkelijker gezegd dan gedaan omdat ADO steeds vol op de aanval gaat om de gelijkmaker te scoren. Michiel Kramer is er dichtbij, maar keeper Kostas Lamprou voorkomt met wat kunst- en vliegwerk een treffer. Deze keer zijn het de groen-gelen die een penalty claimen, vanwege de actie van de Griekse keeper, maar scheidsrechter Mulder is ook nu niet te vermurwen. Den Haag, dat de laatste vijf minuten alles op alles zet, kom dichtbij, maar... tevergeefs. Het blijft 1-0 voor de thuisploeg.

Na de wedstrijd krijgt Jan 'Doc' Vioen, de clubarts, na 42 jaar trouwe dienst op de bank een ereronde op de schouders van de spelers en de staf, om afscheid van het thuispubliek te nemen. Hij gaat met pensioen. Ook Tim Cornelisse neemt afscheid, de 37-jarige verdediger die er de laatste minuten van de wedstrijd nog even in mocht. Hij sluit een lange carrière af die hem langs de velden heeft geleid van TOP Oss, Anderlecht, RKC Waalwijk, Vitesse, FC Utrecht en FC Twente.

En we krijgen ook het eerste, enthousiaste commentaar van de jongen voor wie alles nog maar net is begonnen. Frenkie heeft nog geen mediatraining gehad, maar lijkt voor de pers totaal op zijn gemak. Wat dat betreft zou je hem geen 17 jaar geven. Hij komt over als een door de wol geverfde profspeler. Het enige wat hem verraadt is de glimlach van oor tot oor. Hij heeft ook alle reden om in de zevende hemel te zijn: eindelijk heeft hij zijn debuut gemaakt in het shirt dat hij al tien jaar draagt, hij heeft goed gepresteerd en Willem II heeft gewonnen, kortom, een heerlijke middag die hij zo samenvat: 'Voordat ik het veld op ging wierp ik een snelle blik op de tribune, op de Ere Zuid, en ze waren er allemaal: mijn vader, mijn moeder, mijn opa, mijn oma, mijn vriendin. Met de zenuwen viel het mee. Het publiek ontving me ook goed met zingen en zo. Dat was mooi om te horen en gaf me veel vertrouwen. Het was geen makkie. Vooral het eerste kwartier hadden we het lastig. Daarna vond ik wel dat wij de betere ploeg waren en hebben we verdiend gewonnen.' Aan het einde van de wedstrijd laat hij zich nog even van zijn beste kant zien met een paar mooie trucjes aan de zijlijn. 'We stonden voor en we moesten de bal vasthouden. Laat ik maar eens een actie doen, dacht ik.'

Het enige wat Frenkie betreurt is dat de fraaie lange bal op Ben Sahar, de Israëlische aanvaller, geen assist werd en in het zijnet belandde. 'Dat was inderdaad jammer, maar het was ook geen eenvoudige kans. Ben pakte hem nog best wel goed met links.' Hoe dan ook, het jonge talent mag meer dan tevreden zijn met zijn eerste en korte ervaring tussen de ‘grote jongens’. En dan zijn er ook nog de statistieken die bevestigen dat hij een prima debuut heeft gemaakt: 11 passes, die stuk voor stuk aankomen, en dan gaat het niet alleen om een balletje naar links of rechts, er zaten drie mooie lange voorzetten bij waarmee hij zijn medespelers direct in kansrijke positie heeft gebracht.

Applaus, spreekkoren, schouderklopjes en felicitaties, maar Frenkie is een gewone jongen en laat zijn hoofd niet op hol brengen. Aan de journalisten vertelt hij dat hij voorlopig nog niet van plan is om een woning in Tilburg te zoeken, hij blijft liever nog even bij zijn moeder en zijn broer in Arkel wonen en als de familie op vakantie gaat, logeert hij bij zijn oma. Hij zegt dat hij hard moet werken en goed moet trainen om een van de basiself te worden. Hij is op de goede weg, maar zal alles moeten geven. Hij moet het zelf afdwingen.

De volgende dag legt Streppel aan de pers uit dat de club een duidelijk omlijnd plan met hem heeft. ‘Frenkie kan met het eerste meetrainen, als eerstejaars A-junior. En hij kan hier speelminuten krijgen,’ zegt de trainer, die er nog aan toevoegt: ‘Ik denk dat Willem II een mooi podium is om je te ontwikkelen.’

Het is het indirecte antwoord op de geruchtenstroom dat er van een aantal Eredivisieclubs interesse zou zijn voor de jongen uit Arkel. Eind maart zou Vitesse zich als eerste gemeld hebben, later gevolgd door clubs als SC Heerenveen en PSV. De trainer en de Tilburgse club bevestigen, althans in de pers, dat ze het talent uit de eigen kweekvijver willen behouden, maar het zijn Frenkie, diens familie en zijn zaakwaarnemer die de aanlokkelijke verleidingen van de andere teams moeten weerstaan.

Jurgen Streppel is, als hij met zijn gezin op vakantie is in Puglia, niet te beroerd om even terug te gaan naar die 10e mei van nog maar een paar jaar geleden, naar het debuut van de speler die een van de duurste aankopen uit de geschiedenis van het Nederlandse voetbal zou worden.

'Hij was nog heel jong toen we hem lieten debuteren. Hij trainde sinds oktober met de groep mee, twee keer in de week. Na de winterstop en het trainingskamp in Turkije voegde hij zich alle dagen bij de hoofdmacht. Het leek ons niet meer dan juist om hem een kans te geven, om hem af en toe wat speelminuten te gunnen. Als ik me niet vergis had ik dat weekend ook een speler die geblesseerd afhaakte of een die geschorst was. Er was in elk geval plek op de bank. Dat Frenkie uitzonderlijke kwaliteiten had en een geweldige voetballer was, dat hadden we al gezien toen hij 15 jaar was. Speltechnisch sterk, hij wist precies wat er om hem heen gebeurde op het veld, waar het gevaar vandaan kwam, waar de ruimte lag in de verdediging van de tegenstander. Het leek wel of hij ogen in zijn rug had. Hij kon kort draaien, en het spel zowel naar links als naar rechts verleggen, met een korte of een lange bal, hij liep altijd met zijn hoofd rechtop als hij de bal aan de voet had. Kortom, die goede eigenschappen die hij nu heeft, had hij toen ook al. Hij verdiende het om te mogen debuteren, hij was opgegroeid aan onze eigen voetbalacademie, geliefd bij de supporters, het was het juiste moment.'

8.

De keuze

'Willem II-talent De Jong (18) tekent bij PSV'. Het is 15 mei, vijf dagen na Frenkies debuut bij Willem II, en *Voetbal International* kondigt laat op de avond aan dat er een transfer aan zit te komen. Het tijdschrift onthult dat de jongen een contract voor drie jaar zal gaan tekenen en dat hij dus vanaf het seizoen 2015-2016 voor Jong PSV in de Jupiler League zal uitkomen, en met de hoofdmacht zal meetrainen. Rugnummer 24 van de Tricolores stond op het lijstje van meerdere clubs, maar naar het schijnt is PSV iedereen te slim af geweest.

Op zich geen grote verrassing: Rini de Groot houdt Frenkie al in de gaten sinds zijn veertiende. Hij is hoofdscout bij de Eindhovense club en zijn oordeel weegt zwaar. Marcel Brands, de technisch directeur, vertrouwt op hem en neemt contact op met De Jong en zijn waarnemer. De gesprekken lopen prima en begin mei is er een mondelinge overeenkomt tussen PSV en de speler. De twee partijen moeten het alleen nog eens zien te worden over het geldbedrag. Dat lijkt geen probleem te moeten opleveren en dus verwacht men dat de transfer snel openbaar zal worden gemaakt. De handtekening is nog slechts een formaliteit.

Ondertussen loopt het seizoen 2014-2015 ten einde. Op 17 mei sluit Willem II de competitie fraai af met een uit-overwinning tegen SC Cambuur (1-2). Frenkie is niet van de partij, maar drie dagen later speelt hij wel en scoort hij ook in het vriendschappelijk duel tegen SV Heinenoord, een wedstrijd om Edwin Petersen te eren, de aanvoerder van de amateurclub, die na 287 wedstrijden de schoenen aan de wilgen hangt. De wedstrijd eindigt in 9-3 voor de Tricolores. De dag erna is het tijd voor de laatste inspanning van het seizoen op de Reeshof: om 19.00 uur wordt daar gespeeld tegen de Tilburgse amateurs van TSV Gudok. Een feest met zo'n duizend toeschouwers, lekker eten en biertjes drinken. Het wordt een afgetekende overwinning voor de jongens van Jurgen Streppel: 0-3. Tweemaal door Braber én een doelpunt van Frenkie. Dan is het tijd voor vakantie.

De voorbereidingen op het nieuwe seizoen beginnen maandag 22 juni, om 10.30 uur, in het Willem II-stadion. Het is een koude en mistroostige dag, maar dat kan de honderden fans niet weerhouden om naar de eerste training te komen kijken. De Jong maakt vanaf nu volledig deel uit van Streppels selectie. Op 27 juni wordt de eerste wedstrijd traditioneel gespeeld op het sportpark De Alsie in Diessen tegen de plaatselijke RKDSV. Frenkie komt er de tweede helft in en acht minuten later scoort hij. Hij maakt de 0-3, geeft een prachtige assist op Richairo Živković voor de 0-4, maakt de 0-5 en zet met 0-8 de uiteindelijke uitslag op het scorebord. Een hattrick die van Frenkie de man of the match maakt op deze zaterdagavond. Hij analyseert zelf bescheiden: 'Mijn rendement was redelijk. Over het algemeen was het wel oké, maar ik leed ook een paar keer balverlies.' Wanneer ze hem vragen of hij het komende seizoen het shirt van de Tricolores zal blijven dragen, moet hij toegeven dat hij dat niet weet. 'PSV en Willem II zijn nog in onderhandeling, dus er valt nog niets te kiezen. Ik moet zorgen dat ik goed blijf voetballen. Dan komt alles vanzelf,' zegt hij.

Maar als hij zo graag naar Eindhoven wil en alles in kannen en kruiken lijkt, waarom duurt het dan allemaal zo lang? Het antwoord ligt verborgen in een toelichting aan de pers van Carlos Aalbers, de technisch directeur van Willem II, een paar weken eerder: 'Bij ons zou hij wedstrijden in het eerste gaan spelen. Dus kennen wij een hoge waarde toe aan Frenkie.' In mei 'ontdekt' de leiding van Willem II dat het contract met de jongen op 30 juni 2016 afloopt, met andere woorden: binnen een jaar zou Frenkie transfervrij kunnen vertrekken zonder dat het de club een cent oplevert.

Er zijn twee opties. De eerste: nieuwe onderhandelingen starten om het contract te verlengen, iets wat in principe mogelijk is, aangezien Frenkie de mogelijkheid niet lijkt uit te sluiten om voor zijn ontwikkeling nog één of twee jaar in Tilburg te blijven en in het eerste te spelen. Schijnbaar zijn de twee partijen al om de tafel gaan zitten om hierover tot een akkoord te komen.

Tweede optie: aangezien het jonge talent door de grote clubs wordt begeerd, kan het interessant zijn om hem aan de hoogste bieder te verkopen en een flinke slag te slaan. Geld is een geschenk uit de hemel, en meer dan dat, zeker voor een club die moeilijke tijden doormaakt en op de rand van het faillissement heeft gestaan.

Als Willem II verkoopt, dat moge duidelijk zijn, zal het niet akkoord gaan met een onbeduidende cheque voor de tien jaar opleiding en een schamel bedrag voor de transfer. En dus is het eerste aanbod van PSV, dat al weken en weken op tafel ligt, 250.000 euro, zoals Marcel Brands later bekend zou maken, niet voldoende. De Philips Sport Vereniging is wel bereid om het bod te verhogen, maar het is onduidelijk waar Willem II precies op uit wil komen. Er wordt gesproken over 'enkele tonnen' en iemand heeft het zelfs over een bedrag van tussen de 400.000 en 500.000 euro. En er is meer, eind juni komt er een geïnteresseerde bij, en niet de minste: Ajax.

Op 1 juli wordt er aan de Berkelseweg in Berkel-Enschot gespeeld tegen R.K.V.V. Jong Brabant, de tweede oefenwedstrijd van Willem II voor de competitiestart. De uitslag is 0-12 voor Willem II. Twee dagen later volgt een zwaardere test, namelijk tegen Sporting Charleroi. Het wordt 1-6 voor de Belgen.

Frenkie heeft geen deel aan het debacle. Hij is al dagenlang in Griekenland. Nee, niet voor een vakantie op de Cycladen. Het is de eindronde voor het Europees Kampioenschap Onder 19. De Arkelnaar is een jaar jonger dan de meeste tegenstanders en niet tot nauwelijks bekend, noch in eigen land, noch daarbuiten. Dit EK is zijn eerste grote internationale toernooi. Op 7 juli staat hij met rugnummer

10 in de basis voor de eerste wedstrijd in groep B. In de AEL FC Arena van Larissa treft Nederland een tegenstander van formaat: het Rusland van Aleksandr Golovin. Het wordt 1-0 voor Oranje, doelpunt van Pelle van Amersfoort, de lange aanvaller van SC Heerenveen. De tweede wedstrijd, op 10 juli, in het Katerini-stadion, wordt er tegen Duitsland gespeeld. Een doelpunt in de voorlaatste minuut van Gianluca Rizzo bezorgt de Duitsers de drie punten, die zeer nodig waren voor de oosterburen omdat de openingswedstrijd tegen Spanje was verloren. Door met wat geluk van Nederland te winnen behoudt ook Duitsland de kans om zich voor de halve finale te plaatsen. Alles wordt beslist in de laatste ronde.

De zaakwaarnemer van Frenkie beantwoordt ondertussen vragen van de pers over de transfergeruchten. 'Nee, er is geen nieuws. Er zijn een heleboel clubs met interesse, maar ik ga daar eerst met Frenkie over praten na het EK. Nu speculeren zorgt er alleen maar voor dat die jongen z'n aandacht wordt afgeleid en dat wil ik niet.'

13 juli: Duitsland moet op de laatste dag in groep B tegen Rusland, terwijl Nederland het tegen Spanje moet opnemen. Die laatste wedstrijd eindigt in 1-1: een eigen doelpunt van Damon Mirani en de gelijkmaker van opnieuw Pelle van Amersfoort. Het komt erop neer dat alle ploegen in groep B met 4 punten eindigen (Duitsland en Rusland eindigt namelijk ook in een gelijkspel: 2-2). Het doelsaldo bepaalt wie er naar de halve finales mogen. En omdat Nederland op 0 staat (doelpunten voor en tegen opgeteld) is het samen met Duitsland uitgeschakeld. Rusland en Spanje

mogen verder. La Roja zal uiteindelijk winnen, met Marco Asensio als beste speler en Borja Mayoral als topscorer van het toernooi. Het is de vijfde EK-titel Onder 19 van Spanje, waarmee het Zuid-Europese land zijn leidende rol in het jeugdvoetbal bevestigt.

Frenkie keert terug naar huis. In Griekenland heeft hij zeker indruk gemaakt als een elegante middenvelder met een fantastische balbeheersing. Maar hij is niet de favoriet binnen de gelederen van Oranje, die rol is eerder weggelegd voor jongens als Bilal Ould-Chikh en Abdelhak Nouri, de parel van de Ajax-opleiding.

De Jong is tijdens het hele EK niet op de transfergeruchten ingegaan, en hij heeft met PSV noch met Ajax gesproken. Maar bij zijn terugkomst meldt hij op 17 juli in het *Brabants Dagblad*: 'Dus als Willem II het onvoldoende vindt wat andere clubs bieden, dan heb ik geen keuze. Ik praat met mijn zaakwaarnemer, mijn vader en mijn opa, met Jurgen Streppel en met medespelers, maar als ik uiteindelijk wél een keuze heb, dan hak ik zelf de knoop door. Ik denk dat ik daar goed toe in staat ben. Het is voor mij belangrijk om nu wedstrijden op niveau te gaan spelen. Ik moet proberen in te schatten hoe realistisch mijn kans op veel speelminuten is. Ik vind dat leeftijd daarbij geen rol mag spelen.'

Op 8 augustus 2015 gaat de 60e editie van de Eredivisie van start. Een dag later verslaat Willem II in het eigen stadion Vitesse nipt met 1-0. Van Frenkie geen enkel spoor, niet op het veld, maar ook niet op de bank, hij is niet in de selectie opgenomen. Hetzelfde verhaal op 15 augustus, wanneer de Tilburgers er in de uitwedstrijd tegen Ajax drie om de oren krijgen. Twee dagen later kopt het *Brabants Dagblad* over de toekomstige speler van Barcelona: 'Transfer naar Ajax lonkt voor Frenkie de Jong' met een mooie pose eronder van de blonde jongen uit Arkel. In het bericht licht de regionale krant verder toe: 'PSV heeft de hoop opgegeven dat het Frenkie de Jong kan inlijven. Het 18-jarige talent van Willem II heeft bij de clubleiding aangegeven dat zijn voorkeur uitgaat naar een vertrek naar Ajax, dat ook in hem geïnteresseerd is.'

Wat is er gebeurd? Marc Overmars, directeur voetbalzaken bij Ajax, heeft Frenkie uitgenodigd in zijn kantoor op het Sportcomplex De Toekomst, samen met zijn opa, zijn vader en Ali Dursun, de bevriende zaakwaarnemer en vertrouweling. De ex-vleugelspeler van Willem II, Ajax en Barcelona heeft een goede neus voor spelers met klasse. Ook al is hij nooit scout geweest, hij herkent een talent direct. En zo ging het ook met De Jong. Overmars vertelt: 'Het was een wedstrijd van Oranje O16. Hij kwam erin als wissel, maar was toch de enige die me die dag echt opviel. Hij was een mager, klein mannetje, met van die spillebeentjes. Daar keek niemand naar om, maar in één actie raakte hij me. Een aanname, en hij was twee meter weg. Dat is nu nog altijd zijn kwaliteit. Ik geniet daarvan. En als ik eenmaal het gevoel heb van die moeten we halen, dan geef ik niet op.'

De jonge voetballer blijft in zijn hoofd zitten en drie jaar na die wedstrijd van de Onder 16 slaagt hij erin om Frenkie de Jong naar de Amsterdammers te halen. Met een uitgekiende verleidingsstrategie weet hij de jongen over te halen. Want terwijl hij het sportieve plan uitlegt dat hij voor Frenkie in gedachten heeft (je speelt eerst bij Jong Ajax maar traint al met het eerste mee om vervolgens gestaag een basisspeler te worden van de hoofdmacht) schuiven onder anderen Frank de Boer, de hoofdtrainer, Dennis Bergkamp en Orlando Trustfull aan. 'Ik was trots dat spelers met zo'n carrière met jou willen praten en heel graag zien dat je bij hun club komt spelen. Heel bijzonder.' Het is een defilé aan spelers dat een grote indruk op Frenkie maakt. 'Laat ik vooropstellen dat PSV ook een topclub is en het voor een 18-jarige jongen echt een luxepositie is als twee van zulke clubs je willen hebben. Maar na mijn bezoek aan Amsterdam wist ik het zeker: het wordt Ajax,' legt Frenkie een paar weken later uit in *De Telegraaf*.

Overmars en Willem II moeten het alleen nog financieel eens zien te worden. Maar de twee clubs hebben goede contacten onderling: het is een komen en gaan van spelers tussen Amsterdam en Tilburg sinds begin zomer. Zo is Mitchell Dijks, de talentvolle linksback, van Tilburg naar de hoofdstad vertrokken, en zijn de aanvallers Richairo Živković en Lesly de Sa en de rechtsback Ruben Ligeon uitgeleend door Ajax. En door de onderhandelingen over De Jong komt ook Lucas Andersen, de Deense middenvelder, naar de Tricolores.

Het is een heleboel verkeer zonder (althans zo lijkt het) enige financiële tegenprestatie, wat op zijn beurt weer tot een strijd en moeizame onderhandelingen leidt tussen RKC Waalwijk en Willem II. Volgens de officiële versie heeft

Ajax voor de transfer van Frenkie de Jong naar Amsterdam een symbolisch bedrag van 1 euro betaald, plus een percentage van het bedrag dat Ajax krijgt wanneer hij weer doorverkocht zou worden. Het gaat om een extra doorverkooppercentage van tien procent, naast de verplichte solidariteitsbijdrage van vijf procent voor het opleiden van de speler. Marc Overmars en de Amsterdammers zouden met deze formule op de proppen zijn gekomen, nadat Theo van Duivenbode en de Raad van Commissarissen niet akkoord gingen met een koopsom van achthonderdduizend euro. Ook al is het een publiek geheim dat Ajax destijds wel degelijk nog driehonderdduizend euro zou hebben betaald in plaats van één euro.

Hoe het ook zij, de kogel is door de kerk en op 25 augustus wordt de transfer officieel. PSV heeft het nakijken maar reageert niet eens al te rancuneus. Van een conflict met Ajax, zoals eerder bij talent Riechedly Bazoer, is geen sprake: 'Een faire deal. Eerlijk is eerlijk. Zo gaan die dingen soms nou eenmaal in het voetbal.'

Amsterdam, maandag 31 augustus 2015, in de middag tekent Frenkie de Jong het contract dat hem voor vier jaar met de Amsterdammers zal verbinden. Vader, moeder, broer, opa Jan en vriendin Mikky zijn allemaal van de partij om het moment met hun telefoons vast te leggen. Gelukkige gezichten terwijl de jongen uit Arkel, naast Overmars, zijn voor- en achternaam en zijn krabbel onder aan elke pagina van het contract zet. Dan natuurlijk de foto's met het rood-witte shirt van de club, eerst met Overmars en Edwin van der Sar, daarna met de complete familie, een lachende, geëmotioneerde Frenkie. Hij beantwoordt vragen van Ajax TV. Hij zegt dat hij trots en gelukkig is, dat Ajax met zijn indrukwekkende geschiedenis de grootste en beroemdste club van Nederland is en dat hij er alles aan zal doen om het te maken. 'De keuze is op Ajax gevallen, omdat ik denk dat deze club het beste is voor mijn ontwikkeling. In Amsterdam sta je in het eerste als je goed genoeg bent. En dan maakt leeftijd niet uit. Of je nu 17 of 35 bent. Misschien heb je zelfs meer kans als je jong bent. Ik moet nog veel beter worden. Vooral de omschakeling van aanvallen naar verdedigen moet sneller. Ook het druk zetten en meer beweging als ik een bal heb gespeeld, zijn verbeterpunten.'

Marc Overmars legt aan de tv-zender van de club uit hoe belangrijk het is voor Ajax om jonge Nederlandse toptalenten aan zich te binden en Frenkie is onbetwistbaar een van hen. Hij verduidelijkt dat de jongen voor het seizoen 2015-2016 nog aan Willem II verhuurd zal worden. In december zal nog eens worden gekeken hoe hij zich ontwikkeld heeft.

'Ik had nu meteen de overstap naar Ajax kunnen maken. Maar de club liet mij de keuze. En ik weet niet of ik al volwassen genoeg ben om alleen in een appartementje in Amsterdam te gaan zitten. Ik heb ook nog geen rijbewijs,' legt De Jong uit in het *Algemeen Dagblad*. Hij geeft aan liever nog in een vertrouwde omgeving te blijven wonen en bij de club te blijven waar hij speelminuten kan gaan maken. 'Mijn vriendin woont in Hilvarenbeek, vlak bij Tilburg. Jurgen Streppel is bovendien een trainer van wie ik nog veel kan leren de rest van dit seizoen.'

De volgende dag meldt Frenkie zich weer bij de trainer

van de Tilburgers voor een lang gesprek en dan kan het seizoen beginnen. In de weken daarvoor heeft Streppel het jonge talent nog niet opgesteld omdat hij er volgens de coach vanwege alle perikelen met zijn hoofd niet bij was. Frenkie geeft in *Het Parool* aan dat nu alles achter de rug is en dat hij volop in Tilburg aan de bak kan: 'Ik ga er nu alles aan doen om te zorgen dat ik Willem II nog meer nalaat dan alleen de transfersom die ze voor mij ontvangen. Hoe hoog die is? Ik weet het écht niet. Dat is iets tussen de clubs.'

9.

Vijfenzeventig minuten

22+20+33 = 75. Dat is het totaalaantal minuten dat Frenkie de Jong in anderhalf seizoen in officiële wedstrijden in de hoofdmacht van Willem II heeft gespeeld.

Recapitulerend: tweeëntwintig minuten in zijn debuut voor Willem II op 10 mei 2015, de een-na-laatste speeldag van de competitie, twintig minuten tegen PEC Zwolle op 3 oktober, de achtste ronde van de Eredivisie seizoen 2015-2016, en ten slotte, tevens in oktober, de 27e, drieëndertig minuten tegen de Go Ahead Eagles, in de derde ronde van de KNVB Beker.

Vijfenzeventig minuten...

Thuis tegen Zwolle (0-1 voor PEC Zwolle) mag Frenkie in de 70e minuut het veld in voor Robbie Haemhouts, de Belgische middenvelder. In De Adelaarshorst in Deventer mag hij in de 57e minuut van de bank komen, met een 0-0-stand vervangt hij Lucas Andersen, de Deen die einde zomer op huurbasis van Ajax is overgekomen. Het is Richairo Živković die voor de overwinning van de Tilburgers zal zorgen: 0-2.

Over speelminuten en belangrijke wedstrijden gesproken. Je kunt nog zoveel plannen en verwachtingen hebben, de realiteit is totaal anders. Voor Frenkie de Jong is er duidelijk geen plek: hij staat nooit in de basis, is geen vaste invaller, het enige wat hij krijgt is een paar schamele minuten.

En dan te bedenken dat de jongen had besloten in Tilburg te blijven om met het eerste mee te kunnen spelen, om ervaring op te doen en sterker te worden, voor het seizoen erop, bij Ajax. Kortom, een goede leerschool om met wat extra bagage in Amsterdam aan te komen die handig kon zijn om het beloftenelftal over te slaan en direct in de hoofdmacht te worden opgenomen. Hij dacht waarschijnlijk dat de situatie zou veranderen omdat hij inmiddels onder contract stond van Ajax en werd uitgeleend aan Willem II, en dat er daardoor meer ruimte zou zijn om te spelen. Tevergeefs dus. Slechts een paar luttele minuten.

Wie zijn schuld is dat? De meeste mensen zullen als hoofdverantwoordelijk meteen naar de trainer wijzen. Zoals meestal als een speler niet naar behoren presteert, als een ploeg niet goed draait, als de nederlagen elkaar opvolgen, als er weinig spektakel is, als er geen prijzen worden gepakt, als men in het rechterrijtje belandt, is de coach de zondebok. De inmiddels beroemde vijfenzeventig minuten zijn Jurgen Streppel niet één keer maar wel honderd keer voor de voeten geworpen. Waarom heb je zo'n puur talent als Frenkie niet meer kans gegeven? Waarom liet je hem niet spelen? Waarom had je geen vertrouwen in hem? Wat was er volgens jou mis met de jongen?

Sinds Frenkie de Jong met het shirt van Ajax en met

Oranje furore is gaan maken, zijn dat terugkerende vragen. Alles is in dat verband wel zo'n beetje voorbijgekomen: dat de plekken op het middenveld werden bezet door Stijn Wuytens en Funso Ojo, twee ervaren Belgen; dat Streppels voorkeur uitging naar een sterke middenvelder met veel loopvermogen, die bereid is het hele veld te bestrijken, terwijl Frenkie vooral graag mee naar voren gaat, en zich liever niet uit de naad loopt, al helemaal niet zonder bal aan de voeten; dat Frenkie, in de ogen van de trainer, te jong was; dat als hij twee jaar ouder was geweest hij...

Streppel vond hem nog niet volwassen genoeg, nog niet uitgerijpt, hij vond dat hij te veel risico's nam met zijn gewaagde dribbels, zijn fluwelen balbehandeling.

'Als jeugdtrainers hoopten we dat Frenkie meer minuten in het eerste zou krijgen, het liefst als basisspeler, maar Jurgen koos op zijn positie voor andere spelers. Nu zegt iedereen dat het een verkeerde keuze was, dat het jammer is dat we niet meer van De Jong hebben kunnen genieten, hier bij ons, maar dat was destijds de keuze van de trainer. Hij had er zo zijn redenen voor en het is niet aan mij om daartegen in te gaan,' zegt Rob Hendriks.

Hij is niet de enige die het betreurt, Berry van Gool, destijds algemeen directeur van Willem II, verklaarde in het *Brabants Dagblad*: 'Ik baalde er enorm van dat hij nagenoeg geen speeltijd kreeg in het eerste. Frenkie is het grootste talent dat hier ooit heeft rondgelopen. Ik ben voetballiefhebber. Zulke spelers wil je in het shirt van het eerste elftal op het veld zien. Maar het klikte niet tussen hem en Streppel. Ik ben geen trainer. Maar Willem II eindigde dat seizoen op de negende plaats in de Eredivisie. Er was dus gelegenheid om jonge spelers een kans te geven. Maar de trainer gooide er steeds de laatste 25 minuten Robert Braber in, in plaats van De Jong een kans te geven. Die had misschien wel bijgetekend als hij een echte kans had gekregen bij Willem II.' Hij vatte zijn frustratie in één zin samen: 'Het grootste litteken in vijf jaar Willem II.'

Om zich te verdedigen gaat Jurgen Streppel terug naar de situatie waarin Willem II zich destijds bevond: 'We kwamen direct uit de Eerste Divisie, we waren net gepromoveerd, en het doel was om in de Eredivisie te blijven. Dat ging helemaal niet slecht, maar het ging ook weer niet van een leien dakje. In het seizoen daarna, 2015-2016, moesten we play-offs spelen om in de Eredivisie te blijven.' Streppel laat een korte pauze vallen en concludeert dan: 'Het is gemakkelijk om een jonge speler uit te proberen als je veilig staat, maar heel ingewikkeld als je tegen degradatie strijdt.'

'Het was een lastige situatie. Enerzijds zie je dat hij superkwaliteiten heeft. Anderzijds komt er bij zijn spel risico kijken. Als het hangen en wurgen is om de punten binnen te halen, dan ga je toch twijfelen of je zo'n speler moet opstellen. Het was tricky,' beweert ook Dirk Heesen, destijds assistent-trainer.

Van Streppel – die onder andere voor Helmond Sport en RKC speelde en trainer was van respectievelijk Helmond Sport, Willem II (van 2011 tot 2016), Heerenveen en Anorthosis Famagusta – wordt ook wel gezegd dat hij de juiste trainingstijden niet doorgaf, zodat Frenkie te laat zou komen en Streppel hem niet in de selectie hoefde op te nemen. Er is van alles en nog wat geroepen: dat er tussen de twee geen chemie was, geen feeling, dat de twee elkaar niet lagen. Streppel, aan de andere kant van de telefoon, ontkent categorisch: 'Nee, dat is absoluut niet waar. Er speelde helemaal niets tussen ons. Frenkie was geen moeilijke jongen, hij wist wel goed wat hij wilde.'

'Als je niet speelt en iedereen ziet dat je een megatalent bent, dan wordt er algauw gezegd dat er geen klik is met de trainer. Iedere voetballer wil spelen en als je wordt opgesteld is je verhouding met de trainer over het algemeen beter. Als je niet wordt opgesteld of op de tribune moet plaatsnemen, zoals bij Frenkie het geval was... dan wordt het er niet gemakkelijker op,' legt Robert Braber uit, die vaak de voorkeur kreeg van Streppel. En hij voegt eraan toe in *Voetbalzone*: 'Hij had nul angst. Hij haalt de bal op en maakt zijn acties. Het is positieve arrogantie. Maar ik voelde mij geen concurrent van Frenkie. Ik kwam er vaak in als breekijzer, niet als echte middenvelder.'

'Ik dacht het toen en herhaal het nu nog,' gaat zijn oude trainer Streppel verder, 'Frenkie de Jong is een ongelooflijke speler die een geweldige carrière doormaakt. Hij heeft zijn aangeboren talent kunnen uitbouwen, hij is op alle vlakken gegroeid. Het is een genot om hem te zien spelen. Daar ben ik heel trots op. Destijds had ik niet gedacht dat hij zo ver zou komen, maar dat er een grote toekomst voor hem openlag was wel duidelijk. Ik denk dat hij de juiste kwaliteiten heeft om het bij Barcelona te maken. Kijk maar hoe hij van Willem II naar Ajax is gegaan, hoe snel hij een vaste kracht in het eerste is geworden, en vervolgens ook in het Nederlands elftal.' Dat Streppel Frenkie een groot talent vond en een mooie toekomst voor hem zag, dat bevestigt zijn verklaring in *Ajax Life* van januari 2016, een paar weken nadat het blonde talent Amsterdam voor Tilburg heeft ingeruild.

Op 24 december, om precies te zijn, komt het bericht voor het eerst naar buiten. 'Ajax wil hem in de winter graag naar Amsterdam halen. Hier praten we over,' zegt Carlos Aalbers, technisch directeur van Willem II.

Veel valt er niet te bepraten. Frenkie is in Tilburg gebleven in de hoop speelminuten te kunnen maken met het eerste elftal, maar staat met lege handen. 53 minuten verspreid over twee wedstrijden, 53 minuten in vier maanden competitie- en bekerwedstrijden. Nee, de balans is niet positief. Dit resultaat komt in de verste verte niet in de buurt van wat De Jong en Overmars hadden gehoopt. Zoals van tevoren aangekondigd komt men op De Toekomst bijeen, om het eerste deel van het seizoen van Frenkie te evalueren. En er is weinig voor nodig om te concluderen dat de nieuwe aankoop zich beter per direct kan voegen bij Jong Ajax, dat in de Jupiler League speelt. Het mag dan geen Eredivisie zijn, maar het is altijd nog beter dan op de tribune zitten en anderen zien spelen.

10.

De Toekomst

Goede raad is goud waard. En de tip die ik van Henk Spaan krijg is meer dan nuttig. Hij raadt me aan om eens naar Jong Ajax-NAC Breda te kijken, een wedstrijd uit de Eerste Divisie, gespeeld op 25 januari 2016. 'De video staat op YouTube.' Het blijkt om vijf minuten en negenenveertig seconden te gaan die de moeite waard zijn.

De samenvatting begint met twee aanvallen van de Bredanaars in het zwart-geel. Dan wordt er even ingezoomd op de tribune van het Yanmar Stadion in Almere en zien we Frank de Boer, de trainer van het eerste elftal, een beetje chagrijnig in elkaar gedoken. Maar let op, na een minuutje begint het spektakel. Met enige moeite krijgt Václav Černý, de nummer 11 van de rood-witten, de bal onder controle op zo'n twintig meter van de goal. Hij passt naar Frenkie de Jong, die de bal op bergkampiaanse wijze terugkaatst en als een ballerina om zijn as draait zodat hij nog net kan zien hoe perfect de bal voor de doorgelopen Černý uitkomt. De spits komt alleen voor Jelle ten Rouwelaar uit en mist niet. Er wordt gejuicht, op de bank zit een tevreden Jaap Stam, de coach van Jong Ajax. Even later is het weer raak. Černý kan er ook wat van, hij geeft iets voorbij de middenlijn met een slim hakballetje een strakke voorzet op Frenkie, die loopt zijn tegenstander er op snelheid uit en ziet links Nouri vrij. Nouri kaatst prachtig buitenkant voet terug, waardoor Frenkie in de zestien voor de keeper komt. Een verdediger vraagt tevergeefs om buitenspel. Frenkie omspeelt de keeper met een schijnbeweging en maakt een heel, heel mooi doelpunt. Nouri en Černý duiken enthousiast boven op Frenkie: het is de 56e minuut en zijn eerste doelpunt voor Jong Ajax. Uiteindelijk wordt het 2-1 voor de beloften. En er is in die paar minuten nog meer te genieten: een schitterend boogballetje van Frenkie op Sam Hendriks, een penalty en drie heerlijke, instinctieve reddingen van André Onana.

Maar wat vooral op het netvlies blijft staan is de nonchalance, de fantasie, de klasse van de nieuweling uit Arkel. Voor de microfoon van Fox zegt hij: 'Ik kreeg aan het einde van de wedstrijd wel wat kramp, maar ik denk dat ik wel kan aanhaken op dit niveau. En die Amsterdammers? Ze zeggen dat ze arrogant zijn, maar dat valt wel mee, hoor.' En over zijn doelen: 'Ik moet zo veel mogelijk minuten maken in Jong Ajax. Als ik dan goed voetbal, komt de rest vanzelf wel. Ik heb niet zoiets van: ik moet dit seizoen per se mijn debuut in het eerste maken.' Andries Ulderink, de assistent-trainer van Stam, is lovend, maar blijft nuchter: 'Er zit een goede kop op en een goed stel benen ook. Maar hij zal zich niet gek laten maken en keihard blijven trainen. Dit is allemaal mooi, maar er is nog wel wat werk aan de winkel.'

Tipgever Henk Spaan zegt over die Eerste Divisie-wedstrijd: 'Ik moet zeggen dat ik hem daarvoor nog niet vaak had zien spelen, maar in die wedstrijd heeft hij me betoverd.' De journalist, commentator en schrijver van *Nouri: de belofte* kan zich nog als de dag van vandaag herinneren hoe Frenkie, die amper tien dagen op De Toekomst was toen hij tegen NAC speelde, direct liet zien dat hij een geweldige klik heeft met zijn nieuwe ploeggenoten.

Een paar dagen voor de wedstrijd zond Ajax TV een vier minuten durende reportage over hem uit. De 18-jarige jongen op het overdekte trainingsveld van het sportcomplex, die al meteen voor de groep wordt gezet, die na afloop vertelt dat hij het naar zijn zin heeft en goed is opgevangen. En een trainer, Jaap Stam, die uitlegt waarom hij blij met Frenkie is: 'Een technisch sterke speler met een enorme drive en versnelling aan de bal, dus hij kan makkelijk een mannetje passeren. Hij is leergierig, taakgebonden en voor ons echt een aanwinst.'

'Ik heb hem zien binnenkomen bij Ajax. Een rustige jongen, een voorbeeld voor iedereen, vriendelijk, geen arrogantie,' herinnert zich David End, journalist, schrijver en oud-teammanager van Ajax. 'Op het veld viel hij op door een ongelooflijke techniek, timing en spelinzicht.'

In de kantine van De Toekomst zijn de tafels al gedekt voor de lunch. Herman Pinkster, de spelersbegeleider en een instituut bij de club, bevestigt dat beeld: 'Toen hij hier aankwam zag ik meteen dat hij een rustige jongen was, echt een fijne knul, zonder poespas. Serieus. Een technisch zeer begaafde voetballer die voortdurend afweegt wat de beste oplossing voor het team is. Vanaf het eerste begin deed hij me aan Iniesta of aan Xavi denken, maar dan sneller, met meer acceleratie in de eerste vijf meter.'

Dat beeld van 'de brave jongen' wordt ook in Tilburg bevestigd. Neem bijvoorbeeld Alejandro Navarro Keeris. Zijn oud-teamgenoot vertelt dat terwijl hij en de rest van de jeugdspelers van Willem II friet met mayo en ketchup aan het verorberen waren, Frenkie liever voor iets gezonds koos. Daarbij ging hij ook nog op tijd naar bed. En als het hele team zich bij de club in het carnavalsgedruis wierp, hield de jongen uit Arkel zich afzijdig en dronk geen druppel alcohol.

Een nette, serieuze jongen die in Amsterdam bij 'een unieke club' terechtkomt, onderstreept Menno de Galan, journalist en schrijver, die onder andere *De trots van de wereld* publiceerde over de opkomst van Ajax in de periode 1964-1974. 'Een club uit een klein land als Nederland, maar die altijd internationale aspiraties heeft gehad en een eigen voetbalcultuur, een stijl, een spelfilosofie die model heeft gestaan in Europa en de hele wereld.' Een club die het moderne voetbal nieuw leven in heeft geblazen met zijn onmiskenbare 4-3-3, gebaseerd op techniek, balbezit, aanvallen, vleugelspitsen en een sleutelpositie op het middenveld. Een club die spelers opleidt volgens een methode waar alle kweekvijvers in Europa naar hebben gekeken.

Een club ook die op dat moment nog steeds last heeft van de naweeën van de Fluwelen Revolutie die vijf jaar eerder is ingezet. Het was op 20 september 2010 dat Johan Cruijff zijn column schreef in *De Telegraaf* met de titel: 'Dit is Ajax niet meer'. Zijn commentaar begon zo: 'De afgelopen week heb ik Ajax tegen een zwakkere (Willem II) en een sterkere (Real Madrid) tegenstander gezien. Laat ik er maar niet omheen draaien: dit Ajax is nog slechter dan de ploeg uit de periode voordat Rinus Michels in 1965 bij de club kwam.'

Sinds het krantencommentaar zijn een heleboel dingen veranderd bij de club uit Amsterdam. Oud-spelers namen de macht over, zoals eerst Dennis Bergkamp en Wim Jonk, later gevolgd door Marc Overmars en Edwin van der Sar. Bovendien verklaart Johan Cruijff dat hij bereid is 'een jasje aan te trekken' om de verantwoordelijkheid te nemen (die de clubicoon voorheen steeds heeft geweigerd) en in de Raad van Commissarissen plaats te nemen. Op 6 december 2010 werd de opgestapte Martin Jol vervangen door de trainer van Jong Ajax, Frank de Boer. De oud-verdediger van Ajax, Barcelona en Galatasaray, een vertrouweling van Cruijff, moest een manier zien te vinden om de stijl te vernieuwen en Ajax uit het moeras te trekken waarin het de laatste tien jaar was beland. En dat allemaal terwijl er tijdens de Fluwelen Revolutie steeds meer koppen rolden, van bestuursleden en van voorzitter Uri Coronel.

Op 15 mei 2011, op de laatste dag van de competitie, won De Boer op zijn verjaardag de landstitel, de dertigste van Ajax. Het leek erop dat de revolutie had gewerkt, een revolutie die een nieuw fundament onder de club wilde leggen om de oude spirit van de club terug te brengen. Oud-speler Wim Jonk leidde de jeugdopleiding, waarbij meer naar de spelers en hun ontwikkeling werd gekeken dan naar de directe resultaten; Marc Overmars, directeur voetbalzaken, draaide de kraan dicht van de miljoenenaankopen en richtte zich meer op de jeugd uit de eigen kweek. Maar de revolutie ontbrandde in een vuile oorlog toen in november 2011 vier leden van de Raad van Commissarissen besloten, zonder medeweten van het vijfde lid Cruijff, om Louis van Gaal als nieuwe algemeen directeur naar voren te schuiven. 'Ze zijn helemaal gek geworden,' was het commentaar van de nummer 14, die de benoeming van zijn aartsvijand als een belediging opvatte. Hij smeet de deur achter zich dicht en vertrok met zijn mensen. Terwijl deze crisis speelde – die ten einde kwam toen de rechter in hoger beroep besloot dat de benoeming van Van Gaal niet rechtsgeldig was – bleef Frank de Boer stoïcijns op de bank zitten en reeg hij de ene na de andere overwinning aan elkaar. Ajax werd voor de tweede opeenvolgende keer landskampioen. Cruijff keerde terug en alles leek ten goede te keren. Ajax won de Eredivisie ook nog in 2013 en in 2014, plus de Nederlandse Supercup in 2013. Het had er alle schijn van dat het Plan Cruijff zijn vruchten begon af te werpen. Maar toen, in 2015, begon de machine ineens te haperen. Na vier jaar moest Ajax de kampioenstitel aan PSV laten, daarna werd de trotse club voortijdig door Rapid Wien uit de Champions League gestoten en het scheelde een haar of het was uit de Europa League verbannen door FK Jablonec, een Tjechische middenmoter, 174e op de UEFA-ranking. De criticasters waren er als de kippen bij om erop te wijzen dat er in de selectie te veel jonge jongens uit de eigen kweek liepen en dat er duidelijk een aantal ervaren spelers werden gemist. Dat het team te groen achter de oren was, dat de cruijffiaanse zienswijze kortom toch niet zo goed werkte. Toch leek De Boer in het seizoen 2015-2016 met Ajax op zijn vijfde titel af te stevenen, de 34e in de geschiedenis van de club, zeker toen de Amsterdammers op 21 maart uit met 0-2 wonnen van rivaal PSV. Maar vanaf dat moment ging ineens alles mis: het seizoen kende een dramatische afloop. Op maandag, een dag na de gewonnen topper, scheurde De Boer zijn achillespees bij een potje voetvolley tijdens de hersteltraining. Twee dagen later, op 24 maart, kwam Johan Cruijff in Barcelona te overlijden aan longkanker: de Witte Pelé, Nummer 14, de aanvoerder van het Oranje met zijn totaalvoetbal, de Verlosser, het Orakel, de magische trainer. Op 8 mei 2016, de laatste speeldag van de competitie, hoefde Ajax alleen maar te winnen van het al gedegradeerde De Graafschap om landskampioen te worden, maar de Amsterdammers bleven op 1-1 steken en schonken zo de titel aan PSV. Op 12 mei nam De Boer, na vijfenhalf jaar, afscheid van Ajax.

Voor de Amsterdammers is 2015-2016 kortom geen fijn seizoen om op terug te kijken. Voor Frenkie de Jong is het vooral een seizoen van aanpassingen: aan het leven in de grote stad, ver van zijn dorp en zijn familie, eerst in zijn eentje in de buurt van het Olympisch Stadion, daarna in een appartement met Mikky elders in Amsterdam-Zuid. Natuurlijk moet hij ook even wennen aan De Toekomst, aan zijn nieuwe ploeggenoten, de nieuwe manier van trainen, aan de filosofie van Ajax, aan de grotere onderlinge strijd en concurrentie van de beloften. Aan het einde van het seizoen staat hij op vijftien caps in de Eerste Divisie, twee doelpunten (de tweede maakt hij op 18 maart in de met 2-1 verloren wedstrijd tegen Jong PSV) en drie assists. Zijn debuut in de hoofdmacht laat nog op zich wachten, maar hij heeft wel indruk gemaakt. Zozeer zelfs dat Peter Bosz, de trainer die op 25 mei het stokje van De Boer overnam, hem meteen bij de selectie van het eerste haalt, samen met Kasper Dolberg en Abdelhak Nouri voor een trainingskamp in de zomer in Oostenrijk.

Na een week trainen in het Zillertal, Tirol, maakt Frenkie op 9 juli zijn debuut in het eerste elftal tegen FC Liefering. Aan het begin van de tweede helft neemt hij de plek in van Lasse Schöne. De eerste vriendschappelijke wedstrijd van het seizoen begint met een 3-4-nederlaag. Maar Frenkie heeft zich in the picture gespeeld, want terug op De Toekomst mag hij weer de tweede helft spelen tegen de amateurs van AFC (een blamerende 2-2); op 16 juli speelt hij tegen het Russische Krylja Sovetov (1-2) en op 20 juli is hij basisspeler in het Stade de la Méditerranée, wanneer Ajax de eerste vriendschappelijke wedstrijd van het seizoen 2016-2017 weet te winnen: 0-2 tegen Béziers. 's Avonds spelen de rood-witten in hetzelfde stadion 2-2 gelijk tegen Olympique Marseille. En daarmee eindigt het zomerse avontuur voor Frenkie, want bij thuiskomst moet de jongen zich weer bij Jong Ajax voegen.

De nieuwe coach van Jong Ajax is Marcel Keizer. Met hem op de bank beleven de jonge beloften een onvergetelijk seizoen. De wedstrijden op De Toekomst zijn binnen de kortste keren uitverkocht. Men staat in de rij om het jonge elftal te mogen bewonderen, met een droommiddenveld dat bestaat uit Abdelhak Nouri, Donny van de Beek, Frenkie de Jong en soms Carel Eiting. Het team draait geweldig, ook al moet Keizer steeds vaker een van zijn jongens aan het eerste elftal afstaan. De Jong en zijn maatjes vinden dat niet erg, ze wachten met smacht op hun debuut in een officiële wedstrijd van Ajax.

Woensdag 21 september 2016 is het zover. Ajax speelt in de Johan Cruijff ArenA tegen Willem II in de eerste ronde van de KNVB Beker. Bosz heeft besloten om een groot deel van zijn spelers rust te gunnen, zoals Davy Klaassen, Joël Veltman, Mitchell Dijks, Nemanja Gudelj en Bertrand Traoré. Hun plek wordt ingenomen door de nieuwe lichting. De 17-jarige verdediger Matthijs de Ligt, die sinds zijn 9e op De Toekomst speelt, staat voor het eerst in de basis. De Ligt, met rugnummer 36, geeft zijn debuut kleur met een fraaie kopbal bij een corner. Abdelhak Nouri komt er, onder gejuich van het publiek, in de 73e minuut in voor Hakim Ziyech. In de 87e minuut gaat Nouri neer na een dubbele pirouette: een vrije trap net buiten de zestien. Hij vraagt meteen of hij hem mag nemen. Na overleg met Schöne, de specialist die de vierde goal heeft gemaakt, krijgt het aanstormend talent permissie om uit te halen. De bal gaat in de verre hoek, 5-0. Ook Appie scoort bij zijn debuut. De jongen uit Amsterdam rent naar de zijlijn en wijst met zijn duimen naar zijn rugnummer: 34. Frenkie is de eerste die hem omarmt. Hij is er tien minuten voor het einde in gekomen voor Riechedly Bazoer. De Jong heeft niet de kans gekregen om, net als zijn twee maatjes, te scoren, maar desondanks is hij in de zevende hemel. 'Ik keek al uit naar dat moment sinds ik bij Ajax kwam. Ik heb de hele jeugdopleiding bij Willem II doorlopen. Dan is het leuk als je tegen die club je debuut maakt voor Ajax,' aldus een enthousiaste Frenkie tegenover Ajax TV. 'Als je debuteert, ontploft je telefoon. Iedereen stuurt berichtjes. Mijn doel is nu om zo snel mogelijk basisspeler te worden.' Maar zover is het nog niet, Frenkie keert voor zijn volgende wedstrijd op 25 september weer gewoon terug naar de Jupiler League voor een wedstrijd tegen FC Oss (7-0).

Twee dagen later, op 27 september 2016, komen Willem II en RKC Waalwijk na moeizame onderhandelingen eindelijk tot een overeenkomst over Frenkie en zijn overstap naar Ajax. Het probleem zat hem, hoe kan het ook anders, in de hoogte van de vergoeding. De Waalwijkers hebben recht op veertig procent transfervergoeding, aangezien de jongen officieel vijf jaar in de gezamenlijke academie van de twee clubs heeft gezeten. RKC Waalwijk dreigt naar de arbitragecommissie te stappen, omdat Willem II en Ajax beweren dat Frenkie officieel voor één euro is overgenomen. Iedereen weet wel beter en daarnaast zijn er ook nog vier andere spelers bij de deal betrokken: Richairo Živković, Lesly de Sa, Ruben Ligeon en Lucas Andersen. De Waalwijkers eisen kortom negentigduizend euro. Maar twee weken voordat de rechter uitspraak doet, komen Willem II en RKC er ineens uit. Na overleg tussen beide clubs wordt afgezien van stappen tegen de Tilburgers. De clubs doen geen uitspraken over wat zij overeen zijn gekomen. Het bedrag zal in elk geval verbleken bij de miljoenen die RKC een paar jaar later ten deel zal vallen bij de transfer naar Barcelona.

Maar laten we terugkeren naar de herfst van 2016 en het trappelend ongeduld van Frenkie en de nieuwe lichting om met de groten mee te mogen voetballen. Op 26 oktober krijgt het talent weer een paar minuten van Peter Bosz in de bekerwedstrijd tegen de Kozakken Boys (in de 76e minuut komt hij erin voor Bazoer bij een stand van 5-0, eindstand 6-1). Bijna een maand later maakt hij zijn Europese debuut in de Europa League in de return thuis tegen Panathinaikos. Op 24 november 2016 krijgt Frenkie tweeëntwintig minuten tegen de Grieken. Hij komt er in de 68e minuut in voor Schöne. Het is een mooie herinnering, een 2-0-overwinning met goals van Schöne en van Kenny Tete. Maar de rol die de nummer 21 vervult, als hij al wordt opgeroepen, is die van bankzitter.

Op 15 december is het dan eindelijk zover in Leeuwarden, derde bekerronde tegen SC Cambuur. De Jong speelt vanaf het begin rechts op een middenveld gevormd door Van de Beek en Nouri. Jammer dat het misgaat: Martijn Barto maakt twee doelpunten, mede door nonchalant terugspelen van De Jong, en Ajax weet het niet meer recht te zetten, ook al komt Schöne in de 63e minuut nog in de ploeg voor Frenkie. Het wordt 2-1 en Ajax ligt uit de beker.

Na de winterstop vertrekt Riechedly Bazoer voor twaalf miljoen naar Duitsland. De middenvelder kiest – na eenenzeventig wedstrijden voor Ajax en zes in het Nederlands elftal – voor Wolfsburg. Voor sommigen is Frenkie zijn gedroomde opvolger, maar ook al is er nu een sterke concurrent afgevallen, de strijd op het middenveld blijft groot: je hebt vaste basisspelers Schöne, Klaassen en Ziyech, om nog maar te zwijgen van Nouri en Van de Beek. Daar komt bij dat Bosz van mening is dat Frenkie nog heel wat te leren heeft. Kortom, Frenkie moet geduld hebben op de bank, zich laten zien in de Jupiler League en zijn kans afwachten. En die kans komt op 12 februari in de thuiswedstrijd tegen Sparta Rotterdam (2-0). Frenkie mag in de 88e minuut het veld in voor Schöne. Het is zijn tweede verschijning in de Eredivisie. Dan volgt 26 februari (Ajax-Heracles, 4-1) en weer als invaller voor de bebaarde Deen, en weer voor slechts een paar minuten (twaalf om precies te zijn). Ook in de Europa League heeft hij twee korte invalbeurten: op 16 maart, in de return van de achtste finale tegen FC Kopenhagen (2-0), komt hij er in de 75e minuut in voor Van de Beek en op 13 april, in de eerste kwartfinale tegen Schalke (2-0), vervangt hij dezelfde Van de Beek in de 87e minuut.

Aan het einde van de competitie, op 7 mei 2017, krijgt Frenkie eindelijk wat meer speeltijd, thuis in de wedstrijd tegen Go Ahead Eagles. Aan het begin van de tweede helft neemt Frenkie de plek in van Klaassen en twee minuten later heeft hij al gescoord. Nouri vangt de bal op bij de achterlijn, speelt in de voeten van Nick Viergever, die van links de bal voor het doel geeft. Frenkie rent tussen twee verdedigers door en kopt de bal achter de verbouwereerde keeper. Nouri rent juichend op Frenkie af, het staat 3-0. Het is Frenkies eerste doelpunt in de Eredivisie, zijn derde voor Ajax. En het feest is nog niet voorbij. Een week later, op 14 mei, wordt de laatste wedstrijd van de competitie gespeeld, uit tegen Willem II. Frenkie begint in de basis tegen zijn oude club. Voor de eerste keer speelt hij de volledige negentig minuten en Ajax wint met 1-3. Daarmee eindigen de Amsterdammers op de tweede plek, slechts één punt achter het Feyenoord van Giovanni van Bronckhorst, dat zich na achttien jaar wachten tot landskampioen kroont dankzij een hattrick van clubicoon Dirk Kuyt.

Jong Ajax eindigt in de Jupiler League ook als tweede, achter VVV uit Venlo. Frenkie komt in het hele seizoen tien keer in actie bij het eerste van Ajax (drie keer beker, vier keer competitie, drie keer Europa League) met één doelpunt en drie assists. In de Jupiler League speelt hij eenendertig wedstrijden met zes doelpunten en acht assists. Op 16 mei wordt de Gouden Stier uitgereikt: Abdelhak Nouri wordt verkozen tot beste speler en Frenkie de Jong wordt uitgeroepen tot grootste talent. Niet slecht voor twee jongens van 20 jaar.

Ajax heeft nog één wedstrijd te spelen, de belangrijkste van het seizoen. Op 24 mei wordt in Solna, Zweden, de finale van de Europa League gespeeld, tegen het Manchester United van José Mourinho. Twee dagen eerder is er een bom ontploft in de foyer van de Manchester Arena, aan het einde van een concert van popidool Ariana Grande. Een terroristische aanslag, bevestigt de politie. Het is een vreselijk bloedbad waarbij tweeëntwintig doden en tweeënvijftig gewonden vallen... De ergste aanslag in het Verenigd Koninkrijk sinds Londen 2005. Manchester, zowel United als City, en heel Engeland is in rouw. José Mourinho herdenkt de slachtoffers op de site van de club en voegt eraan toe: 'We have a job to do and will fly to Sweden to do that job. It's a pity we cannot fly with the happiness we always have before a big game.' Woensdag 24 mei, om 22.39 uur, *the job is done*. The Special One juicht samen met zijn zoon José Junior, hij heeft weer een prijs binnen, op zijn pragmatische manier. Het wat naïeve Ajax is verslagen, of in de woorden van Mourinho: 'Er zijn veel dichters in het voetbal. Maar dichters winnen weinig prijzen.'

De wedstrijd begint met een minuut stilte en de spelers spelen met een rouwband vanwege de slachtoffers in Manchester. De jonge honden van Bosz hebben het meeste balbezit (69 procent), maar creëren te weinig gevaar voor Sergio Romero, de keeper van United. The Red Devils blijken wel in staat om Ajax pijn te doen: eerst Paul Pogba met een door Sánchez van richting veranderd afstandsschot, en door Henrich Mchitarjan, die de bal er in de 47e minuut met zijn rug naar de goal in prikt en de 2-0-eindstand op het scorebord zet. Frenkie de Jong krijgt acht minuten speeltijd (hij neemt in de 82e minuut de plek van Riedewald in), maar de wedstrijd is dan al gespeeld. José Mourinho neemt de enige beker mee naar huis die nog ontbreekt in de vitrines op Old Trafford. Ajax, dat al sinds 1995 geen Europese prijs meer heeft gepakt, zal opnieuw geduld moeten hebben.

Peter Bosz neemt de complimenten van Mourinho in ontvangst en verlaat Ajax niet veel later, op 6 juni. De 53-jarige tekent na Heracles, Vitesse, Maccabi en Ajax een contract bij Borussia Dortmund, waar hij Thomas Tuchel opvolgt. Een onverwachte zet na slechts één jaar op de bank bij Ajax. De directie van Ajax besluit om Marcel Keizer naar voren te schuiven, juist ja, de trainer die het afgelopen seizoen furore heeft gemaakt met de beloften.

11.

Annus horribilis

'In Oostenrijk is de voetballer Abdelhak Nouri van Ajax in de 72e minuut van het oefenduel tegen Werder Bremen in elkaar gezakt. De 20-jarige Nederlandse middenvelder van Marokkaanse komaf stortte op de grond neer. De scheidsrechter heeft de wedstrijd stilgelegd en om medische bijstand gevraagd. Twee ambulances zijn het veld op gereden. Volgens getuigen is Nouri gereanimeerd voordat hij met een helikopter naar het ziekenhuis is overgebracht. Ajax meldt via Twitter dat er sprake is van hartritmestoornissen en dat zijn toestand stabiel is. Dat hij hartslag heeft en in slaap wordt gehouden.'

Een persbericht van 8 juli 2017 vat in een paar regels het incident samen dat heeft plaatsgevonden in het Oostenrijkse Zillertal. Een bericht dat door kranten en internetsites over de hele wereld wordt overgenomen. Maar het zijn vooral de beelden, de wedstrijd wordt live uitgezonden, die de omvang van de tragische gebeurtenis weergeven. De jonge speler ligt ineens op de grond terwijl de bal niet in de buurt is. De linksback van Ajax ziet het gebeuren en steekt zijn hand op om de aandacht van de scheidsrechter te trekken. De arbiter legt de wedstrijd stil. Aanvoerder Klaas-Jan Huntelaar en drie spelers van Bremen lopen naar Nouri toe. De spelers langs de lijn, de journalisten, het publiek, iedereen kijkt toe, net als Abderrahim, de oudste van de zes broers van Nouri. In eerste instantie wordt misschien nog aan iets onschuldigs gedacht: dat hij is bevangen door de hitte of dat hij last heeft van een oude enkelblessure. De paniek is dan nog niet groot in het Lindenstadion. Maar al snel wordt de ernst van de situatie duidelijk. De Duitse verdedigers gebaren druk dat er iets niet goed is en dat de medische staf moet komen. Er gaan minuten voorbij, een eerste ambulance rijdt het veld op. De 20-jarige ligt onder een parasol en wordt afgeschermd door doeken. Inmiddels staat de wanhoop op de gezichten van de spelers en de technische staf te lezen. Hakim Ziyech, die na de eerste helft is gewisseld voor Appie, is aan het bidden; De Jong, die er ook de tweede helft in is gekomen, zit op de grond met zijn handen in het haar. Huntelaar praat bezorgd met Marcel Keizer. Maatje Donny van de Beek houdt zijn adem in. Er komt een tweede ambulance aan, de tijd dringt en het wordt steeds duidelijker hoe ernstig de situatie is. Abdelhak Nouri heeft een hartaanval gehad en vecht voor zijn leven. De wedstrijd is gestaakt, de speaker vraagt aan het publiek het stadion te verlaten van SK Hippach, een kleine club uit Schwendau, Tirol. Even later landt de traumahelikopter die Appie naar het ziekenhuis in Innsbruck zal brengen.

Vijf dagen later, op 13 juli, informeert Ajax spelers en technische staf en maakt het, in overleg met de familie, bekend dat Nouri 'ernstige en blijvende hersenschade' heeft opgelopen. Algemeen directeur Edwin van der Sar reageert: 'Dit is het slechtst denkbare bericht. Het is verschrikkelijk. We voelen enorm mee met zijn ouders, zijn broers en zussen en zijn overige naasten. Voor hen is dit leed niet te beschrijven. De klap is hier bij Ajax ook keihard aangekomen, al wisten we dat we ook rekening moesten houden met dit scenario.'

Een dag erna, op 14 juli, brengen duizenden en duizenden supporters, of ze nu voor Ajax zijn of voor een andere club, een bezoek aan het huis van Nouri in Geuzenveld, een wijk in Nieuw-West, om steun te betuigen aan de familie. Applaus, vlaggen, sjaaltjes, rookpluimen, gebeden, slogans en gezang: 'Appie Appie, we love you.' Ballen met de slogan STAY STRONG APPIE. Ook het complete elftal van Ajax voegt zich bij deze trieste processie bestaande uit supporters van alle geloven en rassen.

Abderrahim geeft in het *AD* een verklaring over de situatie van zijn broer: 'De doktoren zijn vrij zeker van hun zaak dat het niet goed komt. Als hij bijkomt zou hij niet meer kunnen denken, eten, praten, lopen, zelfs waarschijnlijk niet eens iemand herkennen. Niet meer functioneren gewoon. Maar wij geven het niet op, wij geloven dat God bepaalt. Het geloof leert ons ook te accepteren en we bidden voor zijn herstel. Daar houden wij ons nu aan vast. We geloven sowieso dat dit leven tijdelijk is en dat het eeuwige hierna komt maar ja, iedereen had hem eerst nog doelpunten willen zien maken.'

25 juli 2018. In een emotionele persconferentie in de

perszaal van de Amsterdam ArenA erkent Edwin van der Sar dat Ajax een onderzoek heeft geïnitieerd naar de medische behandeling van Nouri. 'Als Ajax nemen we de volle verantwoordelijkheid. Lange tijd hebben we gedacht dat we Nouri een goede behandeling hadden gegeven, maar nu daar door toonaangevende cardiologen anders tegenaan wordt gekeken, moeten we onze mening herzien. Op deze plaats wil ik de familie Nouri onze verontschuldigingen aanbieden voor het feit dat wij zo laat ons standpunt hebben gewijzigd. Als de defibrillator wel was ingezet was dit gebleken en had men toen al met de reanimatie kunnen beginnen. Als dat gedaan was, was Abdelhak er mogelijk beter uit gekomen. Dat laatste is geen zekerheid, maar het is wel mogelijk.'

21 augustus. Abderrahim Nouri kondigt aan dat Appie uit zijn coma is gekomen. 'Zijn neurologische status is beter dan maanden geleden. Lichamelijk is het wel moeilijk. Er is achteruitgang. Dat is puur omdat hij niet beweegt. Hij kan niet op eigen krachten zijn lichaam bewegen, alleen zijn hoofd.'

3 april 2019 is de verjaardag van Appie, hij is 22 jaar geworden. Niemand is hem vergeten. De fans niet, de spelers niet, de club niet. De Jong post op dinsdag 2 april een foto van hem en Nouri met eronder de woorden: 'Stay strong friend'.

'Als ik me niet vergis hebben Appie en Frenkie elkaar leren kennen bij de Onder 17, en later bij de Onder 19, waar ze het EK speelden in Griekenland. En sinds januari 2016 dus bij Jong Ajax. Frenkie rechts op het middenveld, Nouri links van hem. Ze speelden graag dicht bij elkaar, en hadden er lol in de tegenstander dol te spelen met hun tikitaka. Die twee hadden een enorme klik. Dat hebben ze zowel binnen als buiten het veld meer dan eens laten zien. Het was niet alleen dat ze elkaar mochten, het ging om wederzijds respect. Ze waren niet met elkaar opgegroeid net als Van de Beek, die tien, twaalf jaar met Nouri in de jeugdopleiding van Ajax had gezeten, maar het zijn allebei heel bijzondere voetballers. Nouri was de allerbeste van Jong Ajax. Soms, als ik aan Appie denk,' zegt Henk Spaan, 'vraag ik me af hoe dat middenveld, bestaande uit Nouri, De Jong en Van de Beek, er nu uitgezien zou hebben...' De biograaf van Nouri is even in gedachten verzonken en pakt de draad dan weer op. 'Iedereen was dol op Nouri, om zijn manier van doen, om wie hij was: een rolmodel voor de jongeren uit zijn wijk en een geweldige voetballer. Het was een klap voor de hele stad, de club en het team. De meeste spelers van dat Ajax waren nog heel jong. En na die gebeurtenis was het voor de meesten moeilijk om de draad weer op te pakken. Het team draaide niet en speelde slecht. Er werden belangrijke wedstrijden verloren. En dat had zeker ook te maken met die dramatische gebeurtenis op 8 juli. Net als het ontslag een halfjaar later van Marcel Keizer, die met Jong Ajax zo'n goed jaar had gehad.'

Nee, ook sportief had het seizoen 2017-2018 niet slechter kunnen beginnen. Eerst het gelijkspel thuis tegen Nice (2-2), waardoor de Franse club dankzij dat tweede uitdoelpunt verdergaat (in Nice was het 1-1 geworden) en Ajax er al in de derde voorronde van de Champions League uit ligt. Frenkie de Jong heeft twee invalbeurten: uit mag hij in de 73e minuut Schöne vervangen, en thuis vervangt hij Justin Kluivert in de 78e minuut. Twintig dagen later, wanneer de Amsterdammers de tweede dreun krijgen, is hij niet van de partij. Ajax wordt met 3-2 verslagen in Trondheim, Noorwegen, door Rosenborg, wat betekent dat de club ook uit de Europa League ligt. Het is een vernedering voor de ploeg die het seizoen ervoor nog finalist was in diezelfde Europa League. Het is meer dan vijfentwintig jaar geleden dat Ajax aan geen enkele Europese competitie meedeed. Maar in het seizoen 1990-1991 lag dat niet aan de resultaten, maar aan het befaamde staafincident van 27 september 1989 in De Meer, het oude Ajax-stadion. Tijdens een wedstrijd tegen Austria Wien werd keeper Franz Wohlfahrt geraakt door een ijzeren staaf die een van de hooligans vanuit de F-Side het veld op had gegooid. Ajax verloor reglementair en werd door de UEFA voor twee jaar uitgesloten van Europees voetbal, later teruggebracht tot één seizoen. De eerste drie Europese wedstrijden moest Ajax op minstens honderd kilometer afstand van Amsterdam spelen.

Maar dat terzijde, laten we terugkeren naar het rampzalige seizoen 2017-2018. Want ook het begin van de competitie is dramatisch: de openingswedstrijd op 12 augustus wordt met 2-1 verloren, uit bij Heracles. Een wedstrijd om snel te vergeten. Frenkie begint weer op de bank en komt in de 71e minuut het veld op voor Mitchell Dijks. In de tweede competitiewedstrijd begint Frenkie wel in de basis, thuis tegen Groningen. Op het middenveld, samen met Van de Beek en Ziyech. Toch zal dat meer een uitzondering op de regel blijken. Iedereen is heel positief over de jongen uit Arkel en is het erover eens dat hij een van de grootste Nederlandse talenten van de afgelopen jaren is, maar uiteindelijk levert het hem geen vaste basisplaats op. Er wordt wel getwijfeld over waar hij het best tot zijn recht komt, en ondertussen is het de Deen Lasse Schöne die een vaste plek op het middenveld bezet houdt.

25 oktober, een van de weinige opstekers van het seizoen voor de nummer 21. In het Kras-stadion van Volendam, tweede ronde KNVB Beker, scoort Frenkie tegen de amateurs van ASV De Dijk zijn eerste en enige doelpunt van het seizoen. Hij ontvangt de bal op de helft van de tegenstander en demarreert op snelheid langs één, twee verdedigers om vervolgens de uitkomende keeper te verschalken.

Ondanks het doelpunt en de complimenten kan Frenkie niet tevreden zijn met zijn rol bij de A-selectie. Marc Overmars komt overigens wel met een voorstel om zijn contract te verlengen van 30 juni 2019 naar 30 juni 2022. Een aanbod dat door de concurrentie is ingegeven. Vijf buitenlandse clubs zouden serieus in hem geïnteresseerd zijn en het zijn niet de minste: Chelsea, Manchester City, Bayern München, Hamburger SV en RB Leipzig. Ajax is natuurlijk bang dat het groeibriljantje onder de neus vandaan wordt gekaapt, en wil hem langer vastleggen. Maar ondanks het feit dat het aanbod aanlokkelijk is, wil De Jong er op dat moment niet op ingaan. Hij wil meer minuten speeltijd, en niet alleen voor de beker.

Als Frenkie de kans krijgt om te spelen, maakt hij indruk.

Zoals op 26 november tegen Roda JC, de 13e speeldag in de Eredivisie. De eerste helft is niet best, maar na de rust verandert alles dankzij de nummer 21, die de plek inneemt van Deyovaisio Zeefuik. 'Ik zat me net als iedereen wel te verbijten in de eerste helft,' zal De Jong na de wedstrijd verklaren, 'het ging zo moeizaam, een bepaalde gelatenheid leek het wel. Gelukkig mocht ik na rust erin en dan is het lekker dat we zo'n tweede helft speelden. We gingen 3-4-3 spelen en gelukkig kon ik mijn stempel op de wedstrijd drukken.' En wat voor stempel: drie assists (twee op Kluivert en een op Van de Beek) in een wedstrijd die in 5-1 zou eindigen. De vraag is of het overtuigend genoeg is voor een basisplaats. 'Ik moet nu wel gaan spelen. Dat is mijn gevoel en daar doe ik niet geheimzinnig over. Het is aan de trainer, maar ik weet niet wat ik meer kan doen dan dit,' zegt de jongen uit Arkel.

Een week later, op 2 december, besluit Marcel Keizer het systeem om te gooien. In de uitwedstrijd tegen FC Twente (eindstand 3-3) staat Frenkie inderdaad in de basis, maar speelt hij verrassend genoeg op 4. Dus van reservespeler op het middenveld verandert hij in een centrale verdediger. Of beter gezegd in de rol van libero die naar voren mag komen wanneer het kan. Het experiment slaagt en wordt op 10 december nog eens herhaald, thuis tegen koploper PSV. Een wedstrijd die maar liefst met 3-0 wordt gewonnen. En of de 21-jarige indruk maakt! Zowel als extra slot op de deur als in de opbouw, wanneer hij naar voren komt en ervoor zorgt dat de Amsterdammers de controle over het middenveld krijgen. Hij is de spelbepaler, hij staat keer op keer aan het begin van aanvallende acties. Een prestatie die hem een 8 oplevert van *Voetbal International*, en hij wordt door hetzelfde blad tot Speler van de Week uitgeroepen. Frenkie gaat tevreden het veld af, ook al staat hij misschien nog niet op zijn positie: 'Het gaat mij er vooral om dat ik speel. Als centrale verdediger? Ik denk niet dat dit de positie is waar ik eindig, ik blijf toch een middenvelder. Maar als de trainer het voorlopig zo laat staan, vind ik het ook prima. Ik wil gewoon lekker spelen.' De trainer laat op de persconferentie weten dat hij heel tevreden is en bij zijn keuze blijft: 'Ik genoot echt van zijn spel. Frenkie was in de opbouw uitstekend.'

Het is een gouden regel in het voetbal: *never change a winning team.* Wanneer Ajax Excelsior ontvangt op 14 december, staat De Jong weer in de basis naast Matthijs de Ligt en achter een middenveld bestaande uit Van de Beek, Ziyech en Siem de Jong. Het wordt 3-1 voor Ajax.

Frenkie zal negen wedstrijden aan een stuk deze rol blijven vervullen. In de competitie blijft hij basisspeler tot aan 25 febuari 2018. En daarmee levert hij duidelijk een bijdrage aan het verbeteren van de defensie, het middenveld en de resultaten: Ajax wint met De Jong in de basis negen van de twaalf wedstrijden, de andere drie eindigen in een gelijkspel. Jammer dat het bestuur van Ajax in deze tumultueuze periode de rust niet bewaart. Op 21 december wordt Marcel Keizer op non-actief gezet, samen met zijn twee assistenten: Hennie Spijkerman en Dennis Bergkamp. 'De clubleiding heeft er onvoldoende vertrouwen in dat de ambities van Ajax met hen worden gerealiseerd. De tegenvallende sportieve resultaten vormen mede de aanleiding voor dit besluit. Met Dennis Bergkamp bestaat daarnaast verschil van inzicht over het te voeren technische beleid,' aldus de club in een persbericht. Edwin van der Sar geeft nadere uitleg: 'Wij kenden een nare zomer en een rommelige seizoenstart. Dat heeft iedereen meegekregen. Sportief gezien was de Europese uitschakeling het dieptepunt. Met name Marc Overmars en ik hebben de maanden daarna veelvuldig gesproken over de blijvende wisselvalligheid van het eerste elftal. Wij hebben er onvoldoende vertrouwen in dat wij op deze wijze het niveau gaan halen dat wij met Ajax nastreven.'

Het besluit komt de dag na de uitschakeling voor de KNVB Beker in de achtste finale tegen FC Twente. In de Grolsch Veste wordt de club geëlimineerd na strafschoppen (6-5, na een 1-1-gelijkspel in de reglementaire negentig minuten). Een besluit dat Frenkie totaal verrast: 'Toen ik het voor het eerst las, dacht ik: dat zal wel niet waar zijn. Maar toen zag je het overal en wij kregen het natuurlijk ook te horen. Ik was er wel echt van geschrokken. Echt heel jammer. Ik had een goede band met de trainer en ook de andere trainers. Ik vind dat hij goed werk verricht heeft,' vertelt De Jong voor de microfoon van Ajax TV.

Michael Reiziger neemt bij de laatste wedstrijd voor de winterstop, tegen Willem II, de honneurs waar op de bank. De oud-verdediger van Ajax, Milan en Barcelona houdt het systeem intact. Frenkie staat in de basis en speelt de volle negentig minuten. Op 24 december wordt het in de Amsterdam ArenA 3-1 tegen de oude club van Frenkie. En er valt nog meer te juichen. Twee dagen eerder heeft De Jong zijn handtekening onder een nieuw contract gezet bij Ajax, dat nu van januari 2018 tot 30 juni 2022 loopt. En hij gaat met zijn vriendin Mikky voor een droomvakantie naar de Caraïben.

Bij terugkomst is er al een nieuwe trainer aangesteld. Erik ten Hag, 47 jaar, oud-verdediger. Hij was de trainer van FC Utrecht en in 2013 trainde hij het tweede elftal van Bayern München, in goed overleg met Pep Guardiola. Zijn entree is niet een van de allerhartelijkste. Veel spelers van Ajax waren zeer op Keizer gesteld, en kenden hem al van Jong Ajax. Kortom, niemand staat te juichen.

Maar Ten Hag heeft sportief gezien wat je noemt de best mogelijke start. Bij de hervatting van de competitie, op 21 januari, mag hij met zijn ploeg een overtuigende overwinning (2-0, goals van Van de Beek en Huntelaar) op zijn conto schrijven tegen eeuwige rivaal Feyenoord. Er is geen betere manier om je populariteit te verhogen bij de fanatieke aanhang. Voor Frenkie verandert er niets: hij staat in de basis, zelfde positie, zelfde rol in de eerste zeven wedstrijden onder de nieuwe leiding.

Op woensdag 28 februari verlaat Frenkie de training omdat hij last heeft van zijn enkel. Nadere inspectie in het ziekenhuis wijst uit dat hij inderdaad letsel heeft opgelopen: twee enkelbanden helemaal afgescheurd en een scheurtje in de binnenkant van het kuitbeen. Ajax kondigt aan dat hij minimaal een paar weken buitenspel zal staan. Een tegenvaller voor Ten Hag, die zijn inschuivende centrale verdediger hard nodig heeft om het gat te dichten met PSV.

Een vervelende blessure die een einde maakt aan een serie van zesentwintig duels in het eerste elftal én zijn debuut in Oranje met bijna een halfjaar zal vertragen. Duidelijk is ook dat Frenkie zich in het eerste deel van de competitie in de kijker heeft gespeeld, want de interesse van de grote clubs blijft aanhouden.

PSV wint zijn 24e titel drie rondes voor het einde, wanneer het op 15 april de topper tegen Ajax met duidelijke cijfers wint: 3-0. De Amsterdammers moeten genoegen nemen met de tweede plek, die ze pas in de laatste wedstrijd veiligstellen ten koste van AZ.

De blessure leek in eerste instantie niet al te serieus, maar als hij te vroeg probeert terug te komen komt er een peesontsteking bij. In totaal zal Frenkie 126 dagen uitgeschakeld zijn. Hij keert pas op 3 juli 2019 terug om één helft te spelen in een vriendschappelijke wedstrijd tegen Anderlecht (3-1 voor de Belgen). Dat zijn vier lange maanden voor een jong talent dat staat te popelen om te spelen. In het begin maakte hij zich nog niet zo druk, maar na de terugslag komen ook doemscenario's op. Denk maar aan die andere Ajacied, Marco van Basten. Die kreeg in 1986 voor het eerst problemen aan zijn linkerenkel na een sprong met de keeper in een bekerwedstrijd tegen RCH en aan zijn rechter na een charge van Edwin Olde Riekerink van Groningen. De operaties die de Zwaan uit Utrecht moest ondergaan en de pijn die bleef, dwongen hem om op 30-jarige leeftijd afscheid te nemen. Frenkie krijgt de rillingen van zo'n scenario. Het is een lastige periode, want zonder wedstrijden en trainingen val je in een gat.

Langzaam, heel langzaam trekt de pijn weg en zeggen de artsen dat hij mee kan doen in de voorbereiding op het nieuwe seizoen. Terug op het veld is het natuurlijk even wennen. Maar voor zo'n talent is het slechts een kwestie van even oefenen om de juiste feeling terug te krijgen. Er staat een nieuw seizoen voor de deur, met nieuwe dromen. Zijn vriendin Mikky kan zich, een jaar later, nog herinneren wat hij toen had gezegd: 'We liepen over de boulevard en zijn enkel deed pijn. Toen we op een terrasje zaten vroeg ik hem wat zijn doel voor dit seizoen was. Hij antwoordde basisspeler worden bij Oranje en een prijs pakken met Ajax.'

12.

Debuut in Oranje

Misschien was hij wel op zijn handen gaan lopen, net als vroeger als hij een doelpunt vierde. Of misschien was hij overmand geraakt door emotie. Helaas heeft Hans de Jong het niet meer mogen meemaken, hij overleed negen maanden voor zijn kleinzoon zijn debuut maakte in Oranje. Maar ook van de wedstrijden in het Ajax-shirt heeft hij vanwege zijn dementie niet echt kunnen genieten. Wel heeft hij gelijk gekregen, want hij zei altijd al dat Frenkie de tweede De Jong van de familie in Oranje zou worden. In een ver verleden, namelijk tussen 1950 en 1952, had een neef van hem, Aad de Jong, verdediger van ADO Den Haag, vijf wedstrijden voor Oranje gespeeld. Overigens met weinig succes: vier nederlagen en één krappe overwinning tegen België. Aad debuteerde drie weken voor zijn 29e verjaardag. Frenkie doet dat als hij 21 jaar, 3 maanden en 25 dagen is.

We zijn in de Amsterdam ArenA en tijdens de rust vindt er een dubbele wissel plaats: Davy Pröpper neemt de plek in van Kevin Strootman, Frenkie de Jong komt er met rugnummer 23 in voor Georgino Wijnaldum. John de Jong denkt met kippenvel terug aan de woorden van zijn vader. Hij is niet de enige, de hele familie De Jong-De Bruijn is geëmotioneerd. Frenkie niet. Althans, dat beweert hij. Na afloop verklaart hij dat hij zenuwachtiger was toen hij moest zingen voor de andere internationals. Zingen is niet zozeer zijn ding, daarom had hij maar weer voor 'Het is een nacht' van Guus Meeuwis gekozen, net als bij de eerdere traditionele ontgroeningen (Willem II, Jong Oranje en Ajax). Frenkie laat liever zijn benen spreken.

Als Frenkie het veld op loopt, kijkt hij naar de tribune waar zijn familie en vrienden zitten. Het is 21.53 uur, 6 september 2018. Het Nederlands elftal speelt vriendschappelijk tegen Peru. De eerste helft is afgesloten met een 0-1-voorsprong voor de Zuid-Amerikaanse gasten. Doelpunt van Pedro Aquino, die in de 12e minuut na een corner hard in de bovenhoek naast Cillessen kopt. Ronald Koeman, de Nederlandse bondscoach, zet De Jong en Pröpper op het veld in de hoop de wedstrijd te kunnen kantelen, hij wil de wedstrijd winnen, die in het teken van Wesley Sneijders afscheid staat. De 34-jarige middenvelder van onder andere Ajax, Real Madrid, Inter, Galatasaray en OGC Nice speelt zijn laatste interland na 134 caps en 31 doelpunten. De eerste keer dat hij het Oranjetricot droeg was in een vriendschappelijke wedstrijd tegen Portugal op 30 april 2003. Maar Nederland-Peru is meer dan alleen een afscheidswedstrijd van een groot speler, het is ook een belangrijke test voor de wedstrijd van drie dagen later tegen wereldkampioen Frankrijk, de eerste wedstrijd van de UEFA Nations League. Hoe dan ook, De Jong speelt alsof hij al jaren deel uitmaakt van het Nederlands elftal. Na de wedstrijd merkt hij gekscherend op: 'Ik speel om de week in de Johan Cruijff ArenA. Dat maakt het wel makkelijker.'

In de 60e minuut is het Frenkie die druk zet en in een combinatie met Sneijder de bal herovert, vervolgens geeft hij een assist op maat op Memphis Depay. De rockstar van Olympique Lyon schiet met links binnen. Pedro Gallese, de Zuid-Amerikaanse keeper, is verslagen, 1-1. Een mooie foto voor later: het juichen van De Jong, Depay en Sneijder. Twee minuten later mag de nummer 10 en aanvoerder van Oranje gaan rusten, hij verlaat het veld onder een staande ovatie. Hij omarmt zijn ploeggenoten en Koeman en zwaait naar het publiek. Het is een emotionele dag in de ArenA. Dan, in de 83e minuut, herhaalt Memphis zijn kunstje: met rechts haalt hij knap een afgeketste bal uit de lucht, en schiet met links binnen, en natuurlijk viert hij het doelpunt zoals altijd karakteristiek met de vingers in zijn oren. Het blijft 2-1 voor Oranje en de data van de wedstrijd zijn opgeslagen. De jonge debutant heeft in de tweede helft behalve één assist eenentwintig passes gegeven die allemaal nauwkeurig waren. Hij heeft op iedereen indruk gemaakt vanwege zijn bravoure en het gemak waarmee hij speelt. Zozeer dat men het bijna meer over zijn debuut heeft dan over het afscheid van Sneijder. De betrokkene zelf is op het veld net zo relaxed als met de media wanneer ze naar zijn eerste ervaring als international vragen. 'Het was mooi. Ik heb nog een kwartiertje met Sneijder mogen voetballen. Dat was wel super. We hebben ook gewonnen, dus over het algemeen was het prima,' zegt hij voor de microfoon van Fox Sport.

En wat zegt Ronald Koeman over zijn aanwinst? 'Frenkie is een geweldige voetballer met een groot inzicht. Die indruk kreeg ik bij Ajax al van hem en nu ook hier bij het Nederlands elftal, wat toch weer een hoger niveau is. Hij houdt zich heel goed staande. Zijn ontwikkeling gaat heel hard. We zijn gezegend met zulke talenten.'

Een talent waarvan iedereen zich afvraagt of hij drie dagen later in de Nations League van de partij zal zijn tegen Frankrijk. Frenkie: 'Ik hoop natuurlijk dat ik speel, maar dat is niet aan mij om te roepen. In de kleedkamer heb ik na afloop gezegd dat ik blij was dat ik mijn debuut heb mogen maken en dat ik mij vereerd voelde. Voor mij was dit een hele mooie avond.'

Zondag 9 september is het feest voor het publiek in het Stade de France. Les Bleus spelen voor de eerste keer thuis na de overwinning op het WK in Rusland en mogen aan de tachtigduizend uitzinnige fans de wereldbeker tonen. In de Nations League is Nederland niet bij machte om het feestje te verstoren: Frankrijk wint met 2-1. Het stadion verandert na afloop in een discotheek, een defilé voor de kampioenen. Een show die tot laat in de avond doorgaat. Kylian Mbappé en Olivier Giroud, de doelpuntenmakers, zijn door het dolle heen. En ze hebben groot gelijk, met name Giroud, die als spits al tien wedstrijden droogstond, heeft nu met tweeëndertig doelpunten voor de Franse ploeg icoon Zinédine Zidane ingehaald. Didier Deschamps is blij voor Olivier en voor Frankrijk.

Zijn Nederlandse collega is op zijn zachtst gezegd humeurig. 'Je speelt tegen Frankrijk en verwacht niet dat je negentig minuten de baas op het veld bent,' zegt Ronald Koeman tegen de NOS. 'Maar de gevaarlijke momenten komen ook uit fouten van ons. Daar gaat het wel om. Ik ben echt boos nu.' Toch trekt de bondscoach ook een positieve les uit de ontmoeting: 'We hebben niet alleen hard gewerkt, maar ook goed gespeeld. Als we echt gaan voetballen, dan kunnen we echt goed voetballen.'

En Frenkie de Jong? Hij heeft een plek in de basis en speelt de hele wedstrijd op het middenveld tegenover namen als Paul Pogba en N'Golo Kanté. Hij doorstaat de test met hoge cijfers. Luister maar naar wat oud-speler van Oranje Rafael van der Vaart over hem zegt: 'Hij was altijd in beweging en heel rustig aan de bal. Je moet het maar durven in je tweede interland. Iedereen zoekt hem. Is hij vrij? Hup, ze spelen hem meteen aan. Het is eigenlijk een beetje gênant om te zien. Maar ze hebben gelijk, want hij is gewoon de beste voetballer in de opbouw.'

Jammer dat zijn goede prestatie niet tot een overwinning leidt. Het tij keert twee maanden later in de thuiswedstrijd in De Kuip. Op 16 november maakt een wervelend Oranje gehakt van de wereldkampioen. De Franse krant *L'Équipe* kopt de volgende dag dan ook: '*Retour sur la terre*', terwijl *Le Parisien* oordeelt: '*La fête est finie*'. Wat is er gebeurd? De Oranjeleeuwen hebben met 2-0 gewonnen door doelpunten van Wijnaldum en Depay en als keeper Hugo Lloris niet zo in vorm was geweest, was de uitslag nog veel, veel hoger uitgevallen. De 2-0 is kortom mooi, maar vormt geen juiste afspiegeling van de prestatie van Koemans team. Het is een spektakelstuk dat zijn weerga niet kent tegen een

Frankrijk dat al vijftien wedstrijden op rij niet meer had verloren en dat zich met één punt al zou hebben geplaatst voor de Final Four van de Nations League in juni in Portugal. De Nederlanders voeren een elegante show op met veel balbezit, nauwkeurige passing, pressing, collectief spel en dubbele dekking. En De Jong vormt samen met Marten de Roon het hart van Oranje. Hij dicteert het spel, legt zijn wil op, trekt tegenstanders naar zich toe zoals Nzonzi en Kanté om vervolgens de vrijgekomen man te vinden. Hij komt met kinderlijk gemak onder de druk van zijn opponenten vandaan, verliest nooit de bal en behoudt overzicht. En hij is betrokken bij de twee doelpunten van de Nederlanders. In de 44e minuut sticht hij verwarring in de zestien door een hoge bal te stiften. Steven Nzonzi kopt niet goed weg, waardoor de bal voor de voeten van Ryan Babel valt. Op de harde knal van Babel heeft Lloris nog antwoord, maar in de rebound kan Wijnaldum intikken: 1-0. In de 90e minuut verliest Moussa Sissoko, onder druk van Frenkie, de controle over de bal in zijn penaltygebied. Hij kan weinig anders dan de nummer 7 van Oranje naar de grond werken om geen balverlies te leiden. Depay neemt de penalty met een panenka en Lloris geeft zich gewonnen. Einde van een spectaculaire wedstrijd. Samenvattend: De Jong heeft honderdtwaalf balcontacten gehad, twaalf meer dan Griezmann, Mbappé en Giroud bij elkaar. Hij heeft een passnauwkeurigheid van bijna honderd procent, hij heeft twee keer de bal onderschept, twee duels gewonnen. Maar nog indrukwekkender dan de statistieken zijn misschien de woorden van Antoine Griezmann. Wanneer de Fransman, maanden later, wordt gevraagd, wie tot nu zijn beste tegenstander was, zegt hij zonder aarzeling: 'Ik denk Frenkie de Jong van Ajax. In de wedstrijden tegen hem probeerde ik hem op alle manieren onder druk te zetten, maar het had weinig nut. Ik kreeg hem niet van de bal.' Een groter compliment kun je niet krijgen!

Maar laten we nog even terugkeren naar de 2-0-winst tegen Griezmann en co. Door het resultaat heeft Nederland nog steeds kans om Frankrijk te passeren in groep A1. Duitsland, de derde ploeg, is al automatisch verwezen naar de B-groep. En het is tegen de Duitsers, op 19 november in Gelsenkirchen, dat Oranje zich kan kwalificeren voor de finaleronde. Thuis in de ArenA hadden de Duitsers nog klop gekregen met 3-0 (doelpunten van Van Dijk, Depay en Wijnaldum). Ook al staat er voor de mannen van Joachim Löw niets meer op het spel, ze hebben wel het een en ander recht te zetten. In het begin van de eerste helft komt 'die Mannschaft' al op een 2-0-voorsprong, dankzij een afstandsschot van Timo Werner en een diagonaal schot van Leroy Sané (met de hulp van Tetes been). Omdat Duitsland in de tweede helft verzaakt om de genadestoot toe te dienen, krijgt Oranje de kans op een onverwachte heropleving. Vijf minuten voor het einde krult Quincy Promes vanaf de rand van het strafschopgebied de bal langs Neuer. En in de 90e minuut is het de gigant van Liverpool en de duurste verdediger ter wereld, Virgil van Dijk, die even als spits fungeert en van dichtbij raak schiet: 2-2. De Nederlanders schreeuwen het uit.

Ze hebben nu 7 punten, net als de Fransen, maar omdat

Nederland het betere doelsaldo heeft in de onderlinge duels, gaan de Oranjeleeuwen samen met Zwitserland, Portugal en Engeland naar de Final Four van de Nations League.

Na twee mislukte kwalificaties (voor zowel het WK als het EK) heeft Oranje weer een plek op het internationale podium. En dat voelt lekker, heel lekker. Ronald Koeman straalt van oor tot oor. Frenkie de Jong klimt van vreugde op de rug van aanvoerder Van Dijk. En tevreden kan hij zijn. Binnen vijf wedstrijden is hij de sleutelfiguur geworden op het middenveld van Oranje. Onmisbaar.

13.

Enjoy the future

Er waren eens... Manchester United, Chelsea, Arsenal, Juventus, Roma, Inter, Hamburger SV, RB Leipzig, Manchester City, Tottenham Hotspur, Juventus, Bayern München, Paris Saint-Germain, Real Madrid en Barcelona. De crème de la crème van het Europese voetbal dingt om Frenkies hand. En al snel wordt duidelijk dat er slechts een drietal serieuze kandidaten overblijft: PSG, City en Barcelona. Uiteindelijk teruggebracht tot twee: City en PSG. In december 2018 lijkt Parijs na een 'overval' in Amsterdam aan het langste eind te trekken. Josep Guardiola, trainer van City, is woedend dat de sjeik van de Verenigde Arabische Emiraten en voorzitter van de Engelse club de Fransen deze opening heeft gegeven en niet op het laatste moment heeft doorgezet. De Catalanen blijven ontgoocheld achter en ondernemen nog één reis naar het verre Nederland om hun liefde te verklaren. Jammer alleen dat de uitnodigingen voor het aanstaande bruiloftsbanket in de Franse hoofdstad al verstuurd zijn... Of toch niet?

Na nog een allerlaatste onverwachte wals kondigt Frenkie toch nog zijn huwelijk met Barcelona aan. PSG kan huilen wat het wil omdat het op het allerlaatste moment een blauwtje heeft gelopen, maar niemand die er nog iets aan kan veranderen.

De overstap van Frenkie de Jong naar Barcelona teruggebracht tot een modern sprookje met prinsen en prinsessen en een aanstaand huwelijk. De hoofdrolspelers zijn Marc Overmars, de Hollandse koopman die goed weet wat zijn beschermeling waard is; Josep Maria Bartomeu, de opgewonden president die geen moment aarzelt om alles op alles te zetten als er geen redden meer aan lijkt; Antero Henrique, de Portugees aan het hof van de Parijse koning, die wordt bedrogen op het moment dat hij meent de buit binnen te hebben; Ali Dursun, de zaakgelastigde van De Jong, die zich volgens de Catalanen iets te zeer achter de Fransen schaart. En ten slotte is er nog vader John de Jong, die zijn zoon altijd al heeft aangeraden om voor Barcelona te kiezen, en niet alleen omdat het weer daar beter zou zijn dan in Parijs of Manchester.

Het is een soap die eindigt op 23 januari 2019 met een officieel communiqué van de club: 'FC Barcelona and Ajax have reached an agreement for the transfer of midfielder Frenkie de Jong, who will be joining the Catalan club from 1 July 2019.' Een paar uur later publiceert Ajax een foto van zijn ex-nummer 21 met een gelukwens voor zowel Frenkie als de Catalanen: 'Barça, enjoy the future like we do' en eronder de hashtag FrenkieFuturo.

De soap om de hand van Frenkie heeft dan bijna een jaar geduurd. Eigenlijk sinds technisch directeur Robert

Fernández de tip krijgt van de voormalig technisch directeur om te gaan kijken naar een zekere De Jong, die indruk maakt met zijn spel bij de nieuwe lichting van Ajax. Fernández vertrekt naar Amsterdam en als hij terugkomt is hij van mening dat de jongen koste wat kost moet worden overgenomen. In maart 2018 begint men de situatie voorzichtig af te tasten met de vader en zaakwaarnemer van Frenkie om in te schatten wat de kansen zijn om hem naar Camp Nou te halen. Fernández komt er al snel achter dat vader John en zoon Frenkie, met wie hij na de training aan de telefoon spreekt, wel oren hebben naar een overgang.

Dan volgt stap twee: Fernández informeert bij de directie van Ajax naar de jonge nummer 21. Barcelona heeft het plan opgevat om het middenveld te verjongen met vers bloed en dat mag ook wel: Sergio Busquets, Gerard Piqué en Ivan Rakitić zijn 31 jaar en daarvoor staan ook nog eens Messi en Luis Suárez, die allebei 32 jaar zijn. De Jong kan – volgens de technisch directeur van de club – behalve centraal op elke positie op het middenveld spelen. Hij is enorm sterk met de bal aan de voet en heeft een geweldig spelinzicht. Frenkie de Jong kan, kortom, de komende jaren een sleutelrol vervullen bij Barcelona.

Maar er is meer. Voor voorzitter Bartomeu is Frenkie belangrijk. Hij hoopt namelijk met het binnenhalen van De Jong dat deel van het legioen terug te winnen dat zijn bloed wel kan drinken na een aantal aankopen op rij die niet binnen de speelstijl en filosofie van Barça passen. Dus door Frenkie de Jong aan zich te binden, haalt hij de Nederlandse en cruijffiaanse ziel terug en dat kan zeker wat stemmen opleveren als er straks weer wordt gekozen voor een nieuwe voorzitter.

In de zomer van 2018 komt het eerste aanbod van dertig miljoen euro. Maar Marc Overmars wuift het weg. Bij het sluiten van de transfermarkt is Marc Overmars tevreden dat hij zijn kroonjuweel heeft kunnen behouden en verklaart hij dat de poging van Barcelona kansloos was omdat het De Jong 'niet op waarde heeft weten te schatten'.

Overmars heeft overigens niet alleen Barcelona afgewezen. Hij heeft een nog steviger aanbod, naar verluidt van vijftig miljoen, van Tottenham naast zich neergelegd. De vraag is of het alleen een kwestie van geld is of puur de Amsterdamse club die zijn jonge honden koste wat kost nog een jaartje langer wil behouden. Het is wat dat betreft veelzeggend dat Overmars zegt dat ze gerust mogen terugkomen, maar dat De Jong en De Ligt in de winter niet zullen vertrekken. Feit is ook dat de nummer 21 nog iets moois wil achterlaten voordat hij Ajax gedag zegt. Maanden later zou Frenkie in het Engelse voetbalmagazine *FourFourTwo* uitleggen dat hij het aanbod van de Spurs zeker wel overwogen heeft. Hij noemt Mauricio Pochettino een goede trainer, die oog heeft voor jonge spelers, en geeft aan dat de manier van voetballen zeker had gepast, maar... dat het niet het juiste moment was om te gaan. Dat hij nog niet klaar was bij Ajax, ook al omdat hij een groot deel van het seizoen geblesseerd was geweest.

Met de twee afgewezen aanbiedingen en met het veto van Overmars voor de winterperiode lijkt de rust even weergekeerd. Maar niets is minder waar, achter de schermen stapelen de contacten zich op. In november, op de 28e om precies te zijn, is Pep Segura, directeur spelerszaken, in Amsterdam om de speler te ontmoeten en te horen wat zijn wensen zijn. Na afloop van de ontmoeting vraagt Dursun om wat tijd zodat zijn cliënt een en ander even rustig kan overdenken. Op 3 december 2018 vliegt de zaakwaarnemer naar Barcelona met Frenkies verzoeken. Voor hem is het allerbelangrijkste dat hij op het veld komt te staan. Daarna komen de pegels en de kleine letters van het contract. Barça zegt overal ja op. Volgens de Catalanen zijn de twee partijen akkoord, althans mondeling. Maar ook hier, zoals zo vaak in de voetbalwereld als het om transferperikelen gaat, lopen de versies over wat er precies is gebeurd nogal uiteen, en niet zo'n beetje ook. Iedere hoofdrolspeler in de soap heeft zo zijn eigen reconstructie of hypothese en dat geldt ook voor elke afzonderlijke krant of radiozender. En ook in de zaak-De Jong ontbreekt het niet aan intriges.

Op 7 december 2018 kopt *De Telegraaf*: 'Frenkie de Jong kiest voor Paris Saint-Germain'. De journalisten van de Nederlandse krant beweren dat een delegatie van de club uit Parijs, geleid door Antero Henrique, een overval heeft gepleegd in Amsterdam en heeft gesproken met Ali Dursun. Marc Overmars geeft zonder al te veel omhaal toe dat hij mensen van de Paris Saint-Germain Football Club gezien heeft, maar dat er geen enkel contract is gesloten. De Nederlandse pers heeft het daarentegen over een akkoord van 75 miljoen euro en benadrukt dat Frenkies voorkeur uitgaat naar de Lichtstad, in plaats van het grauwe Manchester, naar Thomas Tuchel in plaats van Pep Guardiola, ook al heeft die laatste hem enthousiast gebeld om de keuze voor de Citizens en de Premier League kracht bij te zetten. Blijkbaar was de Duitser Tuchel overtuigender. Of Kylian Mbappé. De Franse revelatie zou zo onder de indruk zijn geweest van zijn generatiegenoot, in de twee wedstrijden die Frankrijk en Nederland tegen elkaar speelden in de UEFA Nations League, dat hij er bij de Franse directie op zou hebben aangedrongen hem naar Parijs te halen. In *France Football* zegt hij: 'Zijn inzicht en de kwaliteit van zijn passing maken hem erg waardevol, zeker omdat hij ook nog veel ballen verovert. Ik heb een woordje met hem gewisseld, omdat hij erg veel voor ons zou kunnen betekenen. Hij is welkom in Parijs.'

De journalisten van de Spaanse voetbalkranten lijken de handdoek in de ring te gooien. Op 17 december schrijft het Catalaanse *El Mundo Deportivo* dat Frenkie, als er geen heel gekke dingen gebeuren, het volgende seizoen in het Parc des Princes zal spelen. De krant voegt eraan toe dat Frenkie en Mikky de winterstop zullen doorbrengen in New York en op Jamaica en dat Frenkie het Franse aanbod direct na de stage van Ajax in Amerika zal accepteren. De middenvelder wil graag zo snel mogelijk duidelijkheid scheppen over zijn toekomst. Als de knoop eenmaal is doorgehakt kan hij zich vol op de Eredivisie en de achtste finale van de Champions League richten. In Parijs is Antero Henrique ervan overtuigd dat de zaak in kannen en kruiken is. Net voor de kerst heeft hij nog een onderhoud met Marc Overmars gehad in Amsterdam. Een ontmoeting die eindigt in een handdruk en een mondelinge overeenkomst: zestig miljoen plus vijf à tien bonus. Althans, volgens *Le Parisien.*

Op 14 januari 2019 is er weer een Franse delegatie in Amsterdam om de laatste details van het contract door te nemen. Henrique legt aan Frenkie het contract voor: hij biedt hem een hoger salaris dan de Spanjaarden én een flinke commissie voor Dursun. Dan geeft hij hem Tuchel aan de telefoon voor de sportieve kant. De trainer belooft hem een basisplaats en praat uitvoerig over de toekomstige plannen van PSG.

De Catalaanse optie lijkt voor De Jong en de zijnen volledig in de prullenbak te zijn beland. In Barcelona is men op zijn zachtst gezegd *not amused.* De clubleiding was ervan overtuigd een akkoord te hebben met de zaakwaarnemer van de speler en blijkt nu ineens naast het net te vissen. Hoe komt het dat Frenkie van gedachten is veranderd? Natuurlijk heeft Tuchel hem mooie beloftes in het vooruitzicht gesteld en natuurlijk is het een aantrekkelijk vooruitzicht om met Neymar en Mbappé te mogen spelen, daarnaast gaat het gerucht dat ze bij PSG beloofd hebben alles in het werk te stellen om ook zijn vriend De Ligt nog te halen, en natuurlijk gaat het ook om geld. Maar er is meer, het verschil kan hem ook zitten in de twijfels van Frenkie over de zware concurrentie op het middenveld die hem bij Barça te wachten zal staan. Lees Busquets, Rakitić, Arthur, Vidal en Coutinho, om nog maar te zwijgen van eigen jongens als Aleñá en Riqui Puig of over de mogelijke komst van Adrien Rabiot. Het is niet bepaald kiezen voor de eenvoudige weg... en Frenkie past ervoor om Ajax te verlaten en een dure bankzitter te worden. Dus alles overwegende is hij tot de slotsom gekomen dat hij het best voor de ploeg van de machtige eigenaar Nasser Al-Khelaifi kan tekenen, die er overigens alles aan zal doen om Barcelona te dwarsbomen.

Op 16 januari deelt Dursun de beslissing van zijn cliënt mee aan Pep Segura. De directeur voetbalzaken is perplex, maar informeert alleen of het contract al getekend is. Nee, wordt er aan de andere kant van de lijn geantwoord. Maar het is een kwestie van een paar dagen.

Het is het startsein voor twee Catalaanse missies. Op 17 januari 2019 vliegen Josep Maria Bartomeu, Pep Segura, Éric Abidal en Ramón Planes naar Amsterdam. De voorzitter wil geen herhaling van het drama dat zich in de zomer van 2018 met Antoine Griezmann heeft afgespeeld. Destijds, toen alles in kannen en kruiken leek, besloot de kleine Fransman uiteindelijk toch bij Atlético Madrid te blijven en sloeg de leiding van de blaugrana een modderfiguur. Om te voorkomen dat de geloofwaardigheid en de eer van de club en de voorzitter nog een keer worden aangetast, zet Bartomeu alle troeven in die hij heeft. Naast de contractvoorwaarden, euro's, commissies, enzovoort, enzovoort, probeert hij bovenal de twijfels bij de jongen uit Arkel weg te nemen. Hij noemt de naam van Leo Messi, ja, Frenkie zal samen gaan spelen met de beste speler van de wereld, en de beste speler van de wereld zou het zeer op prijs stellen als de Nederlander naar Barcelona komt. Ook Neymar en Thiago Alcántara worden genoemd, maar dan als voorbeelden die hij beter niet kan volgen. De Braziliaan die vertrok omdat hij zo graag bij PSG wilde schitteren, en die nu smeekt of hij bij Barça kan terugkomen. Hetzelfde geldt voor Thiago. Hij vertrok naar Bayern München, ook vanwege Guardiola, maar toen Pep ineens na twee jaar naar Engeland vertrok was Thiago genoodzaakt om te vragen of hij terug kon komen. Bovendien, hoeveel positieve punten zijn er niet op te noemen die de stabiliteit van de Catalaanse club aantonen vergeleken bij andere grote Europese projecten? Barça speelt al dertig jaar op dezelfde manier, in een stijl die Frenkie goed ligt. Ook als de club van voorzitter of trainer verandert, blijft de voetbalfilosofie hetzelfde. Het zijn mooie beloftes van Bartomeu. Bijvoorbeeld over zijn positie in de basis: ook al kan de voorzitter van Barcelona de nummer 21 van Ajax natuurlijk geen vaste basisplek garanderen, gaat hij toch een stapje verder dan gewoonlijk. Hij zegt namelijk dat hij de komende tien jaar een bepalende rol ziet voor Frenkie. En die speelminuten komen vanzelf wel want Rakitić gaat misschien al weg. In Camp Nou is men enthousiast over de komst van Frenkie en heeft men het al over Cruijff en de lange Nederlandse traditie van de Catalaanse club. De delegatie vertrekt hoopvol uit Amsterdam.

'We hebben een week de tijd genomen om een keuze te maken. Frenk had die week twee aspirine per dag nodig voor z'n hoofdpijn. Uiteindelijk zijn we met z'n tweetjes aan de keukentafel gaan zitten,' zal Mikky Kiemeney later tegen het online tijdschrift FHM vertellen, 'hebben een briefje gemaakt met alle voor- en nadelen en zijn uitgekomen bij Barcelona. Een supermooie stad om te wonen, een droomclub en het avontuur spreekt ons enorm aan.'

Op 23 januari zijn Josep Bartomeu, Òscar Grau, de CEO, en Pep Segura opnieuw in Amsterdam om de zaak af te ronden. Kosten van de operatie: 75 miljoen plus nog eens 11 miljoen aan bonussen. Met een totaal van 86 miljoen is De Jong de duurste Nederlandse speler aller tijden, één miljoen meer dan Liverpool aan Southampton in het seizoen 2017-2018 betaalde voor Virgil van Dijk, de aanvoerder van Oranje. Ter vergelijking: Marc Overmars kwam in het seizoen 2000-2001 voor veertig miljoen over van Arsenal naar Barcelona. En de hoogste prijs die ooit voor een speler van Ajax is betaald was voor Davinson Sánchez, die in het seizoen 2017-2018 voor veertig miljoen naar Tottenham ging.

86 miljoen euro die zullen moeten worden verdeeld tussen Ajax, Willem II en RKC. Dankzij het doorverkooppercentage van tien plus vijf procent van de speler moet er ongeveer 7,5 miljoen worden doorgesluisd naar Tilburg (zestig procent) en ongeveer 3,7 miljoen naar Waalwijk (veertig procent). Een geschenk uit de hemel voor deze clubs en een ongekende luxe die overeenkomt met het jaarlijkse budget: dat van Willem II rond de 7,5 miljoen en dat van RKC rond de 4 miljoen. Je kunt gerust stellen dat de twee clubs met Frenkie de loterij hebben gewonnen. In Waalwijk wordt van het geld onder andere de kunstgrasmat in het stadion vervangen door echt gras, iets wat Frenkie wel kan waarderen (de ploeg zou trouwens aan het einde van het seizoen na vijf jaar afwezigheid weer terugkeren in de Eredivisie) en er wordt gesproken over iets terugdoen voor de gemeente, die de club in de donkerste periode financieel heeft gesteund. In Tilburg hopen ze de jeugdopleiding een nieuwe injectie te geven.

Het is nogal een bedrag, 86 miljoen. Vader John moet

een paar keer in zijn ogen wrijven en ook moeder Marjon noemt het een idioot hoog bedrag. Maar Frenkie zal altijd gewoon Frenkie blijven, die gaat echt niet naast zijn schoenen lopen, zeggen beide ouders eensluidend.

Dat de bedragen duizelingwekkend hoog zijn is een feit. Frenkie gaat de komende vijf seizoenen tien miljoen per jaar verdienen, plus nog eens zes miljoen aan variabele bonussen en dat voor de komende vijf seizoenen, oftewel tot juni 2024. En dan hebben we het er nog niet over dat het contract tussentijds opengebroken kan worden. Het is van de hele selectie een van de hoogste salarissen bij Barça, alleen Leo Messi en Luis Suárez zitten boven hem.

De Jong is de twintigste Nederlander bij Barcelona. De eenentwintigste komt in juni en dan hebben we het over Mike van Beijnen, die van NAC de overstap maakt naar het B-elftal van Barcelona. Hij heeft zeven jaar bij de jeugd van Willem II gespeeld en is toevallig de stiefzoon van Ali Dursun, de zaakwaarnemer van Frenkie. Maar laten we vooral terugkeren naar de allereerste Nederlander op de lijst in het blaugrana. In augustus 1973 kwam Johan Cruijff naar Barcelona voor destijds een miljoen dollar. Hij bleef vijf jaar, hij won La Liga en de Copa, speelde 184 wedstrijden en maakte 61 doelpunten. Een jaar na Cruijff, in 1974, kwam Johan Neeskens, ook van Ajax. In 1989 was het de beurt aan Ronald Koeman, die in 1992 op Wembley, tegen Sampdoria, dankzij zijn loeiharde vrije trap de eerste Europacup I schonk aan de Catalanen. Na Kuifje kwamen nog Richard Witschge, Jordi Cruijff, Ruud Hesp, Michael Reiziger, Winston Bogarde, Phillip Cocu, Patrick Kluivert,

Boudewijn Zenden, Frank en Ronald de Boer, Marc Overmars, Giovanni van Bronkhorst, Edgar Davids, Mark van Bommel, Ibrahim Afellay. De laatste Nederlander, en tweede keeper op het lijstje, is Jasper Cillessen, die in 2016 kwam en in de zomer van 2019 weer vertrok. Daarnaast zijn er natuurlijk nog de Nederlandse trainers. Vier grootheden: Rinus Michels, Johan Cruijff, Louis van Gaal en Frank Rijkaard.

Nu is het de beurt aan de jongen uit Arkel om in Camp Nou te schitteren. 'Het was mijn droom om bij Barça te spelen,' zegt Frenkie. Dat zegt natuurlijk iedereen die bij een grote club tekent, maar in zijn geval is het geen holle frase. Hij sprak de wens al uit tegen een journalist in de krant *Het Kontakt* in 2007 toen hij 10 jaar was en bij de Willem II-academie speelde. Op zijn 21e is de droom uitgekomen. Als in een sprookje.

14.

Totaalvoetballer

Vraag het aan Jos Bogers en hij zal, terwijl hij wat in zijn aantekeningen zit te bladeren, antwoorden dat Frenkie bij hem altijd met 10 heeft gespeeld. 'Hij was altijd nummer 10, als naar voren geschoven middenvelder, direct achter de aanvallers, maar bij Ajax en in Oranje heeft hij steeds meer als een nummer 6 of een nummer 8 gespeeld.'

In een interview begin 2016, wanneer Frenkie op het punt staat om naar Ajax te vertrekken, raadt Jurgen Streppel de dan 18-jarige aan als een nummer 6 te gaan spelen. 'Frenkie kan op het middenveld, met de bal aan de voet, een man meer creëren. Hij kan kort draaien en heeft ogen in zijn rug. Ik denk dat hij een grote toekomst voor zich heeft. Hij kan ook links- of rechtsbuiten spelen, maar ik zou hem de positie van nummer 6 adviseren.' Toch krijgt Frenkie, als hij even later bij Jong Ajax aansluit, rugnummer 10 aangeboden.

Dick Advocaat, oud-middenvelder en trainer met een lange carrière, heeft er ook zo zijn mening over: 'Ik denk dan ook dat Frenkie de Jong eerder rechter- of linkermiddenvelder is. Hij is geen 6, hij gaat pingelen, terwijl juist op die positie de passing leidend is. Frenkie de Jong is een van de grootste talenten van ons land, maar niet op nummer 6.'

Peter Bosz, de trainer die Frenkie bij Ajax zijn debuut liet maken in het eerste elftal, ziet hem wel weer als een echte nummer 6. 'Als ik hem als speler analyseer, heb ik op een gegeven moment gezegd: het zou een 6 kunnen worden, zoals Lasse Schöne dat ook invult. Frenkie is een hele moderne middenvelder, die je ook kan laten draaien. Dat hij begint op de 6, op de 8 uitkomt en vervolgens op de 10. Maar dat hij heel veel kwaliteiten heeft, dat ziet iedereen.'

Bosz' opvolger op de bank bij Ajax, Marcel Keizer, zette hem na een stroef begin juist op 4, als een inschuivende verdediger, naast zijn maatje Matthijs de Ligt.

Weer een totaal ander verhaal dan dat van Erik ten Hag, die het zo formuleert: 'Frenkie de Jong en Donny van de Beek kunnen allebei op 6. Maar uiteindelijk koos ik ervoor om Donny van de Beek op 10 te zetten en begon het team te draaien.'

4, 6, 7, 8, 10, centrale verdediger, libero, defensieve of aanvallende middenvelder, vleugelspeler, schaduwspits: de discussie over waar Frenkie de Jong het best tot zijn recht komt is geopend. Maar de perfecte positie die al zijn capaciteiten verenigt moet nog worden uitgevonden. Net als de term die hem in één woord neerzet: spelmaker, dirigent, box-to-box-speler, quarterback.

En wat te zeggen van de gelijkenissen die hij vertoont met voetballers uit het verleden en het heden? Ze worden er te kust en te keur bij gehaald, om zijn speelstijl te beschrijven. Het helpt weinig, eigenlijk vergroten ze alleen maar het gamma aan mogelijkheden. En het zijn niet de minsten. Ik noem een Xavi Hernández, de vroegere regisseur op het middenveld van Barcelona, die zegt dat Frenkie hem doet denken aan Sergio Busquets. Anderen vergelijken hem juist stellig met Andrés Iniesta, weer anderen met dezelfde Xavi. En ten slotte is er iemand die beweert dat hij juist een mix van die drie is. De naam die, buiten de Barcelona-koker, ook wordt genoemd is Luka Modrić, vanwege zijn puntgave techniek en de manier waarop hij zijn ploeg bij de hand kan nemen. Een andere opvallende naam is die van Franz Beckenbauer. Het is niet de minste oud-voetballer die beweert dat de 22-jarige jongen uit Arkel wel eens kan uitgroeien tot de nieuwe Kaiser, maar dan een versie 5.0. En hij kan het weten, want hij heeft zelf nog tegen hem gespeeld. 'Nu ga je misschien lachen,' zegt Arie Haan, ex-middenvelder van Ajax en Oranje, 'maar hij is een betere versie van Franz Beckenbauer. Wat ik daarmee vooral bedoel: De Jong heeft ook nog snelheid en hij passeert zo makkelijk.'

En dan zijn er nog de Nederlandse voetballers waarmee hij wordt vergeleken: van Frank Rijkaard tot Ruud Gullit, van Rafael van der Vaart tot Wesley Sneijder en jawel, zelfs met de god van het Nederlandse voetbal: Johan Cruijff. En het zijn er niet weinig die de naam van de roemruchte nummer 14 noemen in verband met Frenkie. Neem Valentijn Driessen, die in *De Telegraaf* schreef: 'Frenkie heeft écht wel trekjes van Cruijff. De versnelling, de manen, het doorschakelen. Hij is geen tweede Cruijff, maar een vleugje Cruijff heeft hij echt wel.'

Frenkie zelf voelt zich ongemakkelijk als hij in één adem met Johan Cruijff wordt genoemd, de voetballer waar John, zijn vader, al heel zijn leven idolaat van is. Hij vindt het allemaal maar overdreven. In een interview met *The Guardian* brengt hij het aldus onder woorden: 'I feel honoured, but I don't think you can compare the two of us. He is so much better than me. He had so much quality. I will never reach that level. I don't want to compare myself to Cruijff. And I think people who do that don't want me to compare to Cruijff, they just see similarities in us. But not the same qualities. I watch his videos and he was amazing; the way he moved with the ball, the way he saw the game.'

Hoe dan ook, hij heeft trekjes van een heleboel grote voetballers, maar hij is niet een-op-een te vergelijken met een van hen, hij is gewoon Frenkie, Frenkie de Jong. 'Hij is een bijzondere voetballer, uniek,' zegt Sjoerd Mossou, columnist van het AD. 'Wat maakt hem zo bijzonder? Zijn manier van spelen. Hij is een *natural*. De manier waarop hij voetbalt ziet er zo vanzelfsprekend uit, als je ziet hoe hij zich over het veld beweegt, hoe hij dribbelt, met welk een gemak hij de ruimtes vindt. En zijn speelstijl heeft bepaalde elementen van het Nederlandse voetbal in zich die de mensen waarderen en die hem populair hebben gemaakt. Frenkie speelt altijd naar voren, is altijd op zoek naar avontuur, loopt niet weg voor risico's, is nooit bang om de actie aan te gaan. En een ander interessant en belangrijk gegeven: hij speelt altijd met een glimlach.'

Afgezien van het plezier in het spel is er nog een aantal opvallende kenmerken waarmee Frenkie inmiddels ook de

Europese voetballiefhebber heeft veroverd: snelheid, diepte, balcontrole, inzicht en inzet zowel verdedigend als aanvallend. Bondscoach van Oranje Ronald Koeman roemt zijn gave om het spel te lezen. Hij bewaart de rust, met de bal aan de voet, tot die ene gelegenheid komt voor een korte of lange pass, voor een mooie passeerbeweging, voor een onverwachte beweging, voor die ene vondst die niemand ziet aankomen, maar die uiteindelijk de beste zal blijken. Een vondst die niet zozeer uit een besproken tactiek komt, van schoolborden met vaste voetbalschema's, maar juist van zijn intuïtie en zijn gedurfde manier van spelen die in hem zit en die hij heeft weten te behouden. Soms tegen de publieke opinie in, tegen de goedbedoelde adviezen, tegen de opdrachten van zijn trainers, die hem aanspoorden geen risico's te nemen, om het spel simpel te houden, om niet van zijn positie te wijken, en niet op avontuur te gaan. In zekere zin blijft Frenkie opstandig en zones opzoeken waar hij niet hoort te zijn en blijft hij improviseren. Dat is iets wat je niet kunt leren, maar wat je hebt.

Wat vooral indruk maakt is zijn kalmte, de rust aan de bal. Het is lastig om druk op hem te zetten als hij de bal heeft omdat hij die zo goed weet af te schermen met zijn benen en zijn hele lichaam. Hij straalt zoveel rust uit, dat het volgens Freek Jansen van het AD lijkt alsof hij zichzelf vanaf de tribune met een controller aanstuurt.

Met zijn elegante bewegingen is Frenkie, zoals ze dat zeggen, een mooie speler om naar te kijken. Hij kiest vaak voor de dribbel om onder de eerste druk van de tegenstander uit te komen en komt dan vaak met een nauwkeurige passing die een ploeggenoot in een kansrijke positie brengt. Hij kijkt voortdurend om zich heen en weet waar zijn tegenstanders zijn en welke kant ze zich op bewegen, hij creëert een plattegrond die hem in staat stelt beter over het veld te manoeuvreren en de grootste risico's te ontwijken. Frenkie denkt daarbij snel, heel snel, hij anticipeert op de bewegingen van de tegenstander en is altijd twee, drie stappen voor op de anderen. Met zijn hoofd, zijn intelligentie, het razendsnel verwerken van informatie maakt hij het verschil. Misschien nog wel meer dan met zijn techniek en zijn beide goede benen. Vanwege zijn tengere postuur heeft de jongen uit Arkel al vroeg geleerd het fysieke duel uit de weg te gaan. En als prof blijft hij die weg volgen. Hij is een speler die constant aanwezig is in de wedstrijd, die de hele ruimte tussen de twee strafschopgebieden bestrijkt en voor evenwicht zorgt, een speler die niet stil blijft staan als hij de bal heeft afgespeeld, die soms een risico neemt dat tot een naïeve fout kan leiden... maar die dat tevens weer compenseert met reddingen en slidings als een ervaren buldog in de verdediging.

4, 6, 7, 8, 10, centrale verdediger, libero, defensieve of aanvallende middenvelder, vleugelspeler, schaduwspits. Ja, Frenkie is multifunctioneel en overal inzetbaar, een speler die afkomstig lijkt uit een toekomst waarin een rugnummer niet bepaalt op welke positie je staat en welke vaste rol je dient te vervullen, integendeel, het is een speler die zich aanpast aan de eisen van de wedstrijd. De Jong lijkt wel de ultieme belichaming van het Nederlandse totaalvoetbal. Hij tilt het naar een nog hoger niveau. En vergeet niet dat de jongen nog alle tijd en gelegenheid heeft om zijn eigen spelfilosofie te ontwikkelen.

15.

Verrassing

Puerta del Sol, Plaza Mayor, Plaza de Santa Ana: het centrum van Madrid wordt overspoeld door vijfduizend fans van Ajax. Ze zijn in groten getale gekomen om de return van de achtste finale van de Champions League bij te wonen. Het is nog ochtend, maar de supporters met hun rood-witte tenues zitten al overal op de terrasjes onder een heerlijk lentezonnetje. Het bier vloeit rijkelijk, waardoor het volume van de spreekkoren toeneemt en de grappen en grollen ook. Sommigen plakken stickers op de schouders van nietsvermoedende passanten, anderen worden als rechtgeaarde ultra's boos als ze gefilmd worden, en er zijn erbij die een wedstrijdje doen: op de bovenste verdieping van het Plaza Mayor heeft iemand een witte vlag opgehangen met het embleem van Real Madrid. Er komt een bal tevoorschijn en wat jonge gastjes proberen de vlag van de vijand neer te halen. Na een aantal pogingen lukt het ze eindelijk. Het gejuich van de rood-witte menigte stijgt op onder het toeziend oog van de politieagenten en de opgestelde politiebusjes. Real Madrid-Ajax is een risicowedstrijd. De spanning loopt soms even op, maar het stelt niets voor: de agenten nemen een bal in beslag, en dat vinden de oproerkraaiers van Ajax natuurlijk niet leuk, maar op het plein zijn ze wel wat gewend.

Op het Plaza de Santa Ana, onder de indrukwekkende witte gevel van het hotel ME Madrid Reina Victoria, een nationaal monument, is het een stuk rustiger. Een viertal supporters van een jaar of veertig zit aan de tapas met een biertje. Ze geven met alle plezier hun mening over de nummer 21 van Ajax en over de wedstrijd van vanavond in het Santiago Bernabéu. Over de transfer geen wrokgevoelens. Ze winden zich er niet over op dat Frenkie voor het blaugrana heeft gekozen, niemand die hem een verrader, overloper of een geldwolf noemt.

'Het was een schitterend aanbod, logisch dat Ajax dat heeft geaccepteerd. Het is mooi voor hem en mooi voor de club. De Jong zal op een hoger niveau kunnen spelen, in een grote competitie, bij een club die altijd een speciaal plekje in zijn hart heeft gehad, terwijl Ajax er financieel flink op vooruitgaat en dat weer in de opleiding kan stoppen.' Een antwoord dat blijk geeft van de typische Nederlandse koopmansgeest? 'Nee,' zegt een van hen, 'het is een gegeven dat onze clubs hun beste spelers moeten verkopen omdat ze de draagkracht niet hebben om ze te houden, omdat de Nederlandse competitie niet is te vergelijken met de Spaanse Liga of de Premier League.'

Daar is geen speld tussen te krijgen, in Nederland zijn bijvoorbeeld de inkomsten van de uitzendrechten, waar een groot deel van het mondiale voetbalcircus op drijft, minimaal vergeleken bij de Spaanse of Engelse competitie. Ajax, bijvoorbeeld, zit rond de 8 à 9 miljoen euro, terwijl een club als FC Barcelona 154 miljoen euro opstrijkt, en Real Madrid 148 miljoen.

Algemeen directeur van Ajax Edwin van der Sar legt het als volgt uit in een interview met *La Repubblica*: 'Op dit moment is er geen eerlijke strijd. Het enige wapen dat we hebben is het voetbal. Wij moeten eigen talenten opleiden, maar de rijke clubs kunnen overal ter wereld kopen.'

Het verkopen van opgeleide spelers is kortom een belangrijke bron van inkomsten voor een club als Ajax. En de fans lijken zich daarbij neer te leggen. Ze weten dat naast Frenkie waarschijnlijk nog een paar grote jongens zullen gaan vertrekken aan het einde van het seizoen, maar ondertussen geniet men van het moment, geniet men van dit team met De Jong en raken ze niet uitgepraat over zijn spelinzicht, zijn dribbels, zijn snelheid. Het viertal op het Plaza de Santa Ana heeft geen enkele twijfel: het blonde supertalent zal vanavond in het Bernabéu zijn stempel op de wedstrijd drukken. De eindstand? '1-2 na negentig minuten en dan zien we wel...' zegt Pieter hoopvol.

Nee, hoe dol ze ook op hun cluppie zijn, die middag op 5 maart 2019 denkt niemand echt dat de jonge honden van Erik ten Hag het grote Real Madrid, de recordhouder in Europa, in eigen huis zal verslaan. Het is al een wonder dat Ajax zo ver gekomen is.

De lange mars naar Madrid begon op 25 juli 2018, toen Ajax, in de tweede kwalificatieronde Champions League, tegen Sturm Graz moest spelen. De Oostenrijkers werden over twee wedstrijden uitgeschakeld met duidelijke cijfers, de totaalscore was 5-1.

In de derde voorronde was de opponent Standaard Luik. Uit kwamen de Ajacieden op een 0-2-voorsprong dankzij doelpunten van Klaas-Jan Huntelaar en Dušan Tadić, maar de Walen maakten via Mehdi Carcela-González en een penalty van Renaud Emond gelijk en bleven zo hoop houden. Valse hoop, want op 14 augustus werd het in de Johan Cruijff ArenA maar liefst 3-0: eerst Huntelaar met een sublieme intikker, daarna een kopbal van De Ligt na een uitdraaiende corner van De Jong en ten slotte David Neres, van dichtbij, op maat bediend door Tadić na een prachtige pirouette in het strafschopgebied.

Maar dat was het nog niet: om de groepsfase van de Champions League te bereiken moest nog één horde worden genomen: Dinamo Kiev. Ajax klaarde de klus eigenlijk al meteen in de thuiswedstrijd. In de ArenA werd het op 22 augustus met doelpunten van Donny van de Beek, Hakim Ziyech en Tadić 3-1. Daar konden de Oekraïners in Kiev niets meer tegen inbrengen, het duel daar eindigde in een doelpuntloos gelijkspel.

Ajax keert na vier seizoenen eindelijk terug in de groepsfase van de Champions League. Terug bij de 32 beste teams van Europa. In groep E komen de volgende tegenstanders uit de koker: Bayern München, Benfica en AEK Athene.

Woensdag 19 september wordt het bal geopend, thuis tegen de Grieken, na twaalf jaar afwezigheid terug op het hoogste niveau. Ajax schudt de tegenstander na de rust van zich af. In de 46e minuut vangt Neres de bal op na een corner en geeft de bal opnieuw voor, Tagliafico loopt dwars door de verdediging en scoort: 1-0. Van de Beek maakt er 2-0 van na een prachtige volley op een voorzet van Tadić. En in de 90e minuut is het opnieuw de Argentijnse verdediger Tagliafico met de kers op de taart: hij spurt naar de achterlijn, laat de bal nog een keer stuiten en haalt dan met links uit: de bal verdwijnt wonderschoon, bedoeld of niet, onder de lat achter keeper Vasilios Barkas. Het avontuur in de Champions League kent een goed begin.

De jonge honden van Ajax laten zich ook op 2 oktober niet van de wijs brengen, ook al is de tegenstander niemand minder dan *Rekordmeister* Bayern München. Frenkie is er niet bij vanwege een kuitblessure. De wedstrijd in de Allianz Arena kon niet slechter beginnen. In de 3e minuut had Arjen Robben al bijna gescoord en in de 4e minuut ziet hij dat Mats Hummels niet gedekt staat en geeft een voorzet op maat. André Onana heeft geen schijn van kans op de kopbal en steekt uit onmacht zijn hand op, maar het is geen buitenspel. Een drama dreigt. Maar de Ajacieden geven zich niet gewonnen, het team herstelt zich en gaat wat brutaler voetballen. Schöne, Neres, Tadić en Ziyech komen in de buurt maar het zit niet mee. Dan, in de 23e minuut is het wel raak. Een mooi een-tweetje tussen Tadić en Noussair Mazraoui: de verdediger denkt geen seconde na als hij de bal in de zestien terugkrijgt en ramt de bal linksonder in de hoek naast Manuel Neuer binnen: 1-1.

Drie weken later in de ArenA tegen Benfica is het opnieuw Noussair Mazraoui die de fans van Ajax laat juichen.

Na een zwaarbevochten duel is hij het die in blessuretijd verlichting brengt. Neres haalt in de 92e minuut met de bal aan de voet de achterlijn en geeft voor. Dolberg mist nog, maar de bal komt voor de voeten van de nummer 12 van Ajax en diens harde uithaal wordt met wat geluk van richting veranderd door Alex Grimaldo, de Spanjaard in Portugese dienst. 'De achtste finales zijn een Odyssee,' kopt *O Jogo,* de krant uit Lissabon. Tja... Benfica heeft drie punten tegenover de zeven van Ajax, dat samen met Bayern aan kop gaat in groep E. De Portugezen moeten de return op 7 november tegen Ajax winnen om nog kans te maken. In het Estádio da Luz gaan de Adelaars vanaf de eerste minuut in de aanval. Het regent kansen van onder anderen Grimaldo, Cervi en Jonas Gonçalves Oliveira. Uiteindelijk is het de Braziliaan die bij zijn derde poging profiteert van een dubbele fout van Onana, die eerst een inworp weggeeft en vervolgens volledig mistast, waardoor Jonas rustig op de borst kan aannemen en kan intikken. Het is de 29e minuut en het staat 1-0. Ajax heeft het moeilijk maar komt terug, in de 61e minuut is het Tadić die op een fantastische pass van Ziyech zowel Jardel als Rúben Dias klopt.

De een-na-laatste ontmoeting in de groepsfase is op 27 november uit tegen AEK Athene. Voorafgaand aan het duel gaat het helaas mis op de tribune. Er wordt met een vuurwerkbom gegooid, die bij het uitvak ontploft. De steekvlam laat de Ajax-supporters achteruitdeinzen. De reactie van de harde kern van Ajax blijft niet uit, er wordt vuurwerk teruggegooid. De politie grijpt in en Matthijs de Ligt maant zijn supporters tot rust, maar het blijft onrustig tot aan de aftrap. De wedstrijd eindigt in 0-2 voor Ajax. Met elf punten staat het op de tweede plek, direct achter Bayern, dat dertien punten heeft, maar voor Benfica (4 punten) en AEK (0 punten). De knock-outfase kan de club niet meer ontgaan. Dušan Tadić, die beide doelpunten voor zijn rekening heeft genomen, verklaart voor de microfoon van de UEFA dat de achtste finale niet het doel mag zijn: 'Ajax verdient het prijzen te gaan winnen. Eerst wilden we de Champions League halen en dat deden we. Daarna was de volgende ronde ons doel en die hebben we ook bereikt. Zo doen we dat, doelen stellen en die bereiken in Europa en in Nederland.'

Op 12 december wordt de laatste groepswedstrijd afgewerkt in de ArenA. Bayern en Ajax spelen om de eerste plaats in poule E. De ploegen sparen zich niet en gaan allebei vol voor de winst. Het wordt een zinderende pot met penalty's, rode kaarten (Wöber en Müller), een strijd die heen en weer gaat en eindigt in 3-3: tweemaal Lewandowski aan de ene kant, tweemaal Tadić aan de andere kant, en doelpunten van Coman en Tagliafico. Ajax schiet er niets mee op, want met dit resultaat eindigen de Duitsers als groepshoofd, waarmee ze ploegen kunnen ontwijken als Real Madrid, Juventus, Barcelona, Manchester City en Paris Saint-Germain. Rivalen die je liever later pas tegenkomt. Maar Ajax heeft bewezen, kijk maar naar de wedstrijden tegen de kampioen van Duitsland, dat het in staat is om iedereen in de problemen te brengen.

Op 17 december wordt er geloot in Nyon en het lot is onverbiddelijk: direct nadat Ajax wordt getrokken, volgt het balletje met de naam Real Madrid. Eerst een thuiswedstrijd op 13 februari, de return in Madrid staat gepland op 5 maart in het Santiago Bernabéu. Statistisch gezien zijn Los Blancos natuurlijk de favoriet. De laatste overwinning van Ajax op de Koninklijke dateert van 22 november 1995. Destijds gaf Ajax een galavoorstelling die slechts eindigde in 0-2, door doelpunten van Jari Litmanen en Patrick Kluivert. Op doel stond Edwin van der Sar, voorin stond Marc Overmars en op de bank zat Louis van Gaal. Maar die overwinning was ook echt de laatste. Ajax en Real troffen elkaar daarna nog zes keer en zes keer wonnen de Spanjaarden, met een doelsaldo van twintig voor en twee tegen.

Daarbij beginnen de twee clubs totaal anders aan de wedstrijd. Ajax heeft eind januari in de Eredivisie een pak slaag gekregen van Feyenoord (6-2), waardoor PSV uitloopt op Ajax in de strijd om de landstitel. Het gat wordt vijf punten. En tot overmaat van ramp verliest een 'dramatisch slecht' Ajax, het weekend voor de wedstrijd tegen Real, met 1-0 van Heracles. Frenkie de Jong lijdt maar liefst twintig keer balverlies, wat zeer ongebruikelijk is voor een speler als hij. Een slechte wedstrijd die nog slechter afloopt: een kwartier voor het einde wordt Frenkie van het veld gehaald vanwege opspelende liesklachten waar hij een dag eerder op de training al last van kreeg. Op de bank wordt er snel een pak ijs op zijn linkerbovenbeen gelegd.

De vraag is of Frenkie in staat zal zijn om tegen Real te spelen. Frenkie heeft de moed in elk geval nog niet opgegeven, integendeel. 'Real, dat in de laatste vijf jaar vier keer de Champions League heeft gewonnen, is favoriet. Maar als we weer in goeden doen zijn en een beetje geluk hebben, zijn we niet kansloos. Behoudens enkele pijntjes voel ik mij topfit,' zegt de jongen uit Arkel in *Het Kontakt.*

Frenkie geeft in hetzelfde interview aan dat Real wel steeds beter in vorm aan het komen is en daar heeft hij gelijk in. Na een moeizame competitiestart met het vertrek van Cristiano Ronaldo naar Juve en het opstappen van Zinédine Zidane, en de komst en het al even spraakmakende ontslag van Julen Lopetegui, lijkt interim-trainer Santiago Solari de ploeg eindelijk op de rails te hebben gekregen. Op 6 februari wordt er tegen Barça in Camp Nou verdienstelijk gelijkgespeeld voor de Copa del Rey (1-1). En op 9 februari, vier dagen voor de match tegen Ajax, wordt Atlético Madrid met 1-3 verslagen in het Wanda. Een mooie overwinning die ze weer naar de tweede plek in La Liga brengt. Het project van de Argentijnse coach geeft weer hoop. Hijzelf is in elk geval vol vertrouwen en laat voor de wedstrijd weten: 'In Amsterdam moeten we met dezelfde inzet en toewijding spelen als tegen Los Colchoneros.'

Toch loopt het anders in de kolkende ArenA. Voor de wedstrijd is er een minuut stilte ter nagedachtenis aan de Argentijnse aanvaller Emiliano Sala, die op 21 januari was omgekomen bij een vliegtuigongeluk boven Het Kanaal, op weg naar zijn nieuwe club Cardiff City. Daarna is er vooral één club die een uur creatief speelt, mooi voetbal laat zien en lef toont: Ajax. De jonge honden verrassen weer: onder aanvoering van Matthijs de Ligt (19 jaar), geleid door Frenkie de Jong (21 jaar... en ja, hij kan spelen en hoe!), en voorin de snelheid van Van de Beek (21 jaar) en Neres (21 jaar). Een uur lang is het Ajax dat de grootheid Madrid onder druk zet, zonder dat Real reageert. De bal wordt kinderlijk eenvoudig onder de neus van de Koninklijke afgepakt, en die staat erbij en kijkt ernaar. Toch is het uiteindelijk de ploeg die het het minst verdient die wint. Het lijkt wel of de Madrilenen de kwajongen even hebben laten uitrazen om hem vervolgens een draai om de oren te geven. Het doet denken aan die beroemde, cynische uitspraak van Gary Lineker: 'Voetbal is een simpel spelletje van tweeëntwintig man die negentig minuten om een bal spelen en uiteindelijk wint Duitsland.' In de 60e minuut loopt Vinícius Júnior, het jonge Braziliaanse talent, langs de hele Nederlandse verdediging en legt uiteindelijk af voor Karim Benzema: 0-1. En dan telt het niet dat Tadić in de eerste helft op de paal heeft geschoten en dat de VAR een doelpunt heeft afgekeurd vanwege een millimeter buitenspel van Tagliafico, Madrid staat op voorsprong. De Ajacieden vechten dapper door en met succes: Neres geeft voor op Ziyech, die nu wel Thibaut Courtois passeert: 1-1, een kwartier voor tijd. Het is nog niet voorbij. Solari stuurt Marco Asensio in het veld en de Argentijnse trainer krijgt nog gelijk ook, want de oud-speler van Mallorca staat op de juiste plek om de voorzet van Dani Carvajal binnen te lopen. 1-2 voor Madrid, en de Ajacieden kunnen zichzelf alleen maar verwijten maken dat ze de kansen niet hebben afgemaakt.

De ploeg van Ten Hag heeft indruk gemaakt, maar daar koop je niets voor. In Madrid wordt gefluisterd dat de crisis is afgewend en dat ze met één been in de kwartfinale staan. Ajax heeft als springplank gefungeerd voor Los Blancos op het hoogste podium. De socios weten ook wel dat het in

Bernabéu geen gemakkelijke wedstrijd zal worden, maar zien Ajax ook niet meer als een groot struikelblok.

De aanloop naar de return verloopt voor Real wel stroef, sinds de heenwedstrijd in Amsterdam hebben de Madrilenen alweer drie nederlagen geleden: twee tegen Barcelona (wat betekent dat ze uitgeschakeld zijn voor zowel de beker als de kampioenstitel) en eentje tegen Girona. Alleen tegen Levante weet de club te winnen, en dat terwijl Ajax vier overwinningen op rij kan bijschrijven (doelsaldo 13-1), waarbij het zich thuis voor de beker revancheert tegen Feyenoord (3-0). Het is waar dat Madrid geen beste periode doormaakt, maar zoals het blad *Marca* schrijft kunnen Los Blancos het seizoen nog redden door de Champions League weer te winnen. Dat is de competitie waarin de Koninklijke niet kan verliezen, toch? Verrassing, het wordt 1-4.

'Het is een historische overwinning waar niet iedereen in geloofde. Waar ook een aantal experts niet in geloofde, maar de vierduizend meegereisde fans, die geloofden er wel in, en ik denk dat het team er ook in geloofde, dat was vanaf het begin af aan te zien,' zegt Ten Hag in de persconferentie na de wedstrijd. 'Het is een bevestiging van de filosofie van het Nederlandse voetbal en van die van Ajax in het bijzonder. Het klimaat in het voetbal is veranderd. Het grote geld in de grote competities is de afgelopen decennia steeds bepalender geworden. Voor een klein voetballand is het moeilijk daarmee te wedijveren. Dat doen wij nu wel. We zijn bezig aan een mooie reis en die mag van mij nog wel even voortduren.'

Het is de ideologie van het totaalvoetbal dat nieuw leven

is ingeblazen, dat verjongd is. Het is de mix van jong talent en ervaring die zo enthousiasmerend werkt. Het is de mix van generaties en nationaliteiten. Het is de vreugde in het spel die op de gezichten van de jonge honden af te lezen is, zonder angst voor een gerenommeerde tegenstander. Het is David tegen Goliath, de arme club die de rijke club verslaat, of op zijn Johan Cruijffs: 'Ik heb een zak geld nog nooit een doelpunt zien maken.' De groep van Ten Hag is de laatste mutatie van een voetbalgen dat is ontstaan bij Johan Cruijff en Johan Neeskens en dat is doorgegeven via Patrick Kluivert, Marc Overmars en Edwin van der Sar. Terwijl Ten Hag de overwinning aan de journalisten probeert uit te leggen, staan de directeur voetbalzaken en algemeen directeur van Ajax op het veld van het Bernabéu feest te vieren voor de uittribune. En natuurlijk wordt vooral Sergio Ramos door het publiek in de maling genomen: omdat hij dacht dat de klus wel geklaard was in Amsterdam, pakte hij in de heenwedstrijd met opzet een tweede gele kaart om met een schone lei aan de kwartfinale te kunnen beginnen. Dikke pech voor hem. De Ajacieden vieren de vier goals van Ziyech, Tadić, Neres en Schöne, ze vieren dat ze de kwartfinale hebben bereikt. De laatste keer dat dat gebeurde was in het seizoen 2002-2003. Ze vieren kortom de opstanding van Ajax, of zoals Ten Hag het noemt: een historische overwinning. De hoofdrolspeler, naast een indrukwekkende Dušan Tadić, is Frenkie de Jong. Voor de return van de achtste finale had hij aan zijn toekomstige ploeggenoten van Barcelona beloofd om Real uit te schakelen. *Mission completed.* Op het middenveld stond hij tegenover de houder van de

Gouden Bal: Luka Modrić. Nou... die heeft hij overklast. De getallen zeggen genoeg: Frenkie heeft 54 passes gegeven met een nauwkeurigheid van 91 procent, twee geslaagde dribbels, vier geslaagde tackles, een balherovering, een geblokkeerd schot, twee gewonnen kopduels.

Maar er is meer dan de statistieken. De kranten zijn de volgende dag laaiend over Frenkie. Ze noemen zijn indrukwekkende spel een masterclass en zijn stijl wordt vergeleken met die van een vioolspeler.

Willem Vissers in *de Volkskrant*: 'Kijk die Frenkie, wegdraaiend van Modrić, passerend, tiktak, met links en rechts, bliksemsnel. Beter dan de wereldvoetballer van het jaar dinsdag. Onwaarschijnlijk zoals hij heerste, tackelde, passte. Vrij in hoofd en leden. Wie nog niet heeft gezien dat hier een aanstaande wereldvoetballer rondloopt, laat hem zwijgen. Barcelona kocht hem al voor 75 miljoen.'

José Sámano in *El País*: 'Met zijn 21 jaar straalt De Jong, die vanaf juni deel uitmaakt van Barcelona, veel klasse uit, hij was een horloge met voetbalschoenen aan.'

Jon Prada in *Marca:* 'Frenkie heeft zijn stempel gedrukt in Bernabéu. De Jong is 21 jaar en bezit karrenvrachten aan voetbal, en hij wekt de indruk dat hoe groter het podium is, hoe meer gemotiveerd hij is. Hij legde de bal zijn wil op. Wat een manier om de ruimtes te benutten.'

Frenkie zelf is in de zevende hemel. Tegenover Veronica TV verklaart hij: 'Het is geweldig om met deze cijfers van Real Madrid te winnen en dan ook nog eens in Bernabéu. De mensen hadden misschien nog wel iets verwacht van ons, maar niet op deze fantastische manier. Toen speelden we trouwens niet veel slechter dan nu, maar we hadden pech met de uitslag. Nu viel alles goed voor ons.'

16.

Mamma mia

'Mamma mia Ajax!': zo opent *De Telegraaf* zijn sportkatern 'Telesport' op woensdag 17 april in rood-witte letters, naast een foto van een juichende Matthijs de Ligt.

Het is een rake kop van de krant uit Amsterdam. De term wordt in Italië gebruikt als een uiting van ongeloof en vreugde. Kortom, perfect om de gemoedstoestand weer te geven van de Nederlandse fans voor wat Ajax tegen Juventus heeft gepresteerd. Een uitroep die ook door een Italiaanse krant gebruikt had kunnen worden, maar dan in tegenovergestelde betekenis: ongeloof en verdriet.

Jammer eigenlijk dat ze bij de *Gazzetta dello Sport* hebben gekozen voor het wat zakelijkere 'Over en uit'. Onder aan de voorpagina wordt er nog aan toegevoegd: 'Vaarwel Champions voor Juve: les van Jong Ajax (1-2)'.

De foto van de avond? Cristiano Ronaldo, aan het einde van de wedstrijd, de wanhoop nabij, slaat de handen voor zijn gezicht. Ronaldo, die speciaal naar Turijn is gehaald om de demonen van de *bianconeri* te bedwingen en de herinnering aan de onlangs verloren finales te doen vergeten (tegen Barcelona in 2015 en tegen Real Madrid in 2017), en om de beker met de grote oren te winnen, die het laatst werd veroverd in het seizoen 1995-1996 door Ajax uit te schakelen na strafschoppen.

Ronaldo, die al acht jaar geen halve finale van de Champions League heeft gemist, en de laatste drie seizoenen de beker steeds in de lucht mocht tillen, kan de eliminatie nauwelijks bevatten. Zowel in Amsterdam als in Turijn heeft CR7 zijn plicht gedaan. Hij heeft twee doelpunten gescoord, die de deur hadden kunnen openen naar de finale in Madrid, in het Wanda Metropolitano, maar de Oude Dame heeft zich overgegeven aan de jeugd, aan het talent, en aan het oogstrelende voetbal van de godenzonen. En die dinsdagavond, 16 april, loopt de Portugees na het fluitsignaal zwaar gefrustreerd naar de kleedkamer en gebaart hij naar zijn eigen bank dat de club geen lef heeft getoond.

Nee, aan lef heeft het de jonge honden van Ten Hag niet ontbroken. Wederom hebben ze vriend en vijand weten te verrassen. Ze zijn en blijven de sensatie van Europa. Ze hebben in het Allianz Stadium van Turijn het ticket verdiend voor de halve finales.

Thuis in Amsterdam op 10 april was het duel namelijk geëindigd in een 1-1-gelijkspel. In de 45e minuut speelt Cristiano de bal zelf breed op João Cancelo om vervolgens als een gek de zestien meter van de Ajacieden in te rennen. Hij verandert van koers en loopt zich vrij van zowel Frenkie als Matthijs. Cancelo, ook Portugees, weet wat hem te doen staat, hij laat de bal met heel veel gevoel precies daar neerkomen waar CR7 het wil, in de buurt van de penaltystip. Voor Cristiano is het een eitje (de twee verdedigers die het dichtst bij hem staan zijn hem uit het oog verloren) om de bal in het doel te koppen. Dan, in de 46e minuut, oftewel de eerste minuut van de tweede helft. De wedstrijd is nauwelijks hervat of de rood-witten hebben de gelijkmaker er al in liggen. David Neres profiteert van Cancelo, die zich aan de zijlijn wel heel knullig de bal laat ontfutselen. De Braziliaan trekt met de bal aan de voet naar binnen, haalt uit en door een haag van zwarte shirtjes belandt zijn schot in de kruising. De Poolse keeper Wojciech Szczęsny, die al een paar reddingen heeft verricht, komt er deze keer met zijn grote hand niet bij. Dat waren de enige doelpunten van de wedstrijd, waaraan toegevoegd mag worden dat Juve weinig heeft laten zien... in negentig minuten tijd hebben de bianconeri twee keer op het doel van André Onana gemikt. De eerste keer is de goal van Ronaldo, de tweede keer is een bal van Douglas Costa, die op de paal schiet. Ajax daarentegen heeft zes keer op doel geschoten, in totaal negentien schoten van afstand tegenover zeven van de bianconeri. Over balbezit gesproken: 61 procent Ajax, tegenover 39 procent Juve. Ondanks deze cijfers hebben de mannen van Massimiliano Allegri een uitstekend resultaat geboekt, een gelijkspel in een uitwedstrijd. Het prachtige uitdoelpunt geeft vertrouwen voor het fort dat Juventus normaal thuis vormt.

Wat te zeggen van dit jonge Ajax? Complimenten aan iedereen en in het bijzonder aan De Jong en De Ligt. Frenkie strooit met passjes op maat, en benadert qua nauwkeurigheid een 100-procentscore. Maar hij is ook iemand die de fouten van teamgenoten corrigeert. Typisch was de manier waarop hij Federico Bernardeschi inhaalde en met een perfecte sliding een goal voorkwam. Jammer alleen van die ene onzekerheid bij Cristiano's goal. Hetzelfde geldt voor De Ligt. Na de wedstrijd zou de jonge aanvoerder van Ajax het volgende zeggen over CR7 – de Portugees die hem na de wedstrijd de hand schudde en hem later zou adviseren bij Juve te tekenen: 'Hij is een roofdier in de zestien. Dat zag je ook nu weer. Hij wacht altijd op het gaatje en dan sprint hij tussen twee man door.' Over de return in Turijn zegt hij: 'Nu weten we dat we in de tweede wedstrijd alles moeten geven. In Turijn is Juventus heel sterk, dat is bij iedereen bekend.'

Frenkie is logischerwijs teleurgesteld over het late tegendoelpunt in de eerste helft maar put hoop uit de gelijkmaker en de speelwijze van Ajax in de tweede helft: 'Uiteindelijk is 1-1 helemaal niet zo'n slecht resultaat. Ik denk dat we goede kansen hebben om een ronde verder te komen.'

Drie dagen later lijkt het noodlot toe te slaan voor De Jong. In de 20e minuut van de competitiewedstrijd tegen Excelsior (die in 6-2 zal eindigen voor de Amsterdammers) zien we Frenkie ineens met zijn been trekken. Het ziet eruit alsof er iets niet helemaal goed is. Aan de zijlijn loopt de 19-jarige Jurgen Ekkelenkamp zich al warm. En in de 28e minuut wordt hij gewisseld. De nummer 21 van Ajax verlaat het veld en verdwijnt samen met een begeleider in de catacomben van de ArenA. Op de beelden is te zien hoe de international van het Nederlands elftal naar zijn hamstring grijpt. Zal hij de wedstrijd tegen Juventus moeten missen?

Volgens de eerste berichten heeft Ten Hag hem alleen uit voorzorg van het veld gehaald. Bij Ajax hopen ze dat het niets ernstigs is, dat ze met de schrik vrijkomen. Het blijft onduidelijk hoe ernstig de situatie exact is, maar op 16 april staat De Jong in Turijn in de basis. Tot groot geluk van opa Jan, want ook al heeft die vliegangst, om zijn kleinzoon te zien spelen overwint hij zijn angst met behulp van een pilletje. Hij was ook al mee naar Madrid en wil de wedstrijd in Turijn voor geen goud missen. Youri, het jongere broertje, is ook gekomen om Frenkie en Ajax te zien, en natuurlijk ook om Cristiano Ronaldo te bewonderen.

En Youri is niet voor niets gekomen want het roofdier van de zestien, zoals De Ligt hem noemt, slaat weer toe. Bij een corner in de 28e minuut lukt het hem om door de defensie heen te breken: hij ontsnapt aan iedereen, inclusief de aanvoerder, en weet zich bij de eerste paal in een perfecte positie te manoeuvreren om andermaal met het hoofd toe te slaan en Onana te verslaan. De VAR zal de goal nog even onderzoeken, omdat er een speler van Ajax op de grond is geduwd, maar het blijkt dat De Ligt een ploegmaat heeft omvergeduwd om, tevergeefs, CR7 te volgen. Een prima doelpunt: 1-0 voor Juventus. Het is alweer de vijfde goal voor de 34-jarige Cristiano Ronaldo in de laatste drie Champions Leaguewedstrijden, zijn 126e in totaal. Het heeft er alle schijn van dat het een magische avond zal worden voor de bianconeri, maar het loopt anders. De twee doelpunten van Ronaldo tegen Ajax blijken niet te volstaan. De jonge honden van Ajax kennen geen medelijden met de Oude Dame en slaan keihard toe. Na Real Madrid te hebben uitgeschakeld wippen ze ook Cristiano en diens Juventus uit het bal der landskampioenen. En degene die daarvoor verantwoordelijk is, ging naar de kleuterschool toen Ronaldo al een ster was bij Sporting Lissabon. Het is De Ligt die in de 22e minuut van de tweede helft raak kopt. Hij maakt de 1-2 nadat Van de Beek zes minuten na de openingsscore van Cristiano de wedstrijd al had gelijkgetrokken. Ajax is in de tweede helft duidelijk de bovenliggende partij en had nog veel vaker kunnen scoren. Ajax dicteert terwijl Juve weinig heeft in te brengen en geen enkele creativiteit aan de dag legt. Ronaldo staat er alleen voor en voelt zich door iedereen in de steek gelaten. Natuurlijk worden spelers als Bernardeschi en Dybala gemist, maar waar het vooral aan ontbreekt bij Juventus is het collectief, het plezier om de bal rond te spelen. En dat is precies waar de mannen van Erik ten Hag in uitblinken. En er zijn nog een paar spelers die het verschil maken. Zoals Hakim Ziyech bijvoorbeeld, die een wereldgoal maakt die helaas wordt afgekeurd. Even later is het de Poolse keeper die met een onmogelijke actie een doelpunt voorkomt, desondanks blijft Ziyech met passjes strooien en kansen afdwingen. De *Gazzetta dello Sport* roept hem uit tot de beste speler. Het cijfer dat de roze krant hem toebedeelt is een 7,5, net als De Ligt, Van de Beek en De Jong overigens. ‘Frenkie speelde misschien minder spectaculair dan normaal, maar schrikbarend efficiënt. Defensief geweldig, en met zijn snelheid en techniek voert hij op Pirlo-achtige wijze de regie.’

Om 23.10 uur is het stadion leeg, maar de Ajacieden vieren nog even feest, zowel op de tribune als op het veld. De namen van de helden van de avond worden gescandeerd.

Wie had dat gedacht... Ajax is terug bij de Europese top. De club heeft de halve finale van de Champions League bereikt, de laatste keer dat dat gebeurde was in 1997, Frenkies geboortejaar. En wie gaat ze tegenhouden? 'We begonnen in de voorronden, nu staan we tussen de giganten,' zei de coach van Ajax al voor de wedstrijd tegen Juventus. 'Of we zelf een gigant zijn? Ja, zo kan je dat misschien wel zeggen.'

17.

Eerste titel en eerste deceptie

Bijzonder dat Frenkie juist tegen zijn oude club Willem II, waar hij tien jaar alle jeugdteams heeft doorlopen tot aan het eerste elftal, een paar bijzondere momenten uit zijn carrière meemaakt. Ik zal een voorbeeld geven. Voor degene die het vergeten is herinner ik eraan dat De Jong zijn debuut in het eerste van Ajax maakte, op 21 september 2016, jawel, tegen Willem II. De bekerwedstrijd eindigde in 5-0. Tweeënhalf jaar later, om precies te zijn op 5 mei 2019, spelen de clubs weer tegen elkaar voor de KNVB Beker. Deze keer gaat het echter niet om de eerste ronde, maar om de finale, die op zondagavond om 18.00 uur in De Kuip wordt gespeeld. Frenkie is dan niet meer de bankzitter die er voor de laatste tien minuten in mag komen, maar is de onbetwiste nummer 21 van Ajax, sterker nog, hij is al verkocht aan het grote Barcelona. Een jongen die het geweldig vindt 'dat juist Willem II onze tegenstander is in mijn eerste grote finale. Zo komt alles samen. Ik had me niet beter kunnen wensen.'

Na de training, de dag voor de bekerfinale, weidt De Jong

nog even uit over zijn verleden bij de Tilburgse club: 'Toen ik bij Willem II kwam, was de jeugdopleiding echt heel goed. Tot bij de D'tjes de samenwerking met RKC begon. Het werd steeds iets minder. Er kwam steeds minder geld voor de jeugd,' vertelt hij aan het *Brabants Dagblad.* Hij hoopt dat de Tricolores kunnen blijven investeren in hun jeugdopleiding: 'Want de club stond er toch om bekend dat er heel goede spelers zijn opgeleid. Als het goed gaat en als je geluk hebt – zoals ik – kun je ook nog wat geld ermee verdienen.' Hoe dan ook, Frenkie is ervan overtuigd dat 'zij mij geholpen hebben om uit te groeien tot degene die ik nu als persoon en als voetballer ben. We kregen een goede opleiding met normen en waarden en hoe je je moest gedragen. Ik kijk met heel veel plezier terug op de mooie toernooien en de kampioenschappen met de jeugd.' Hij is blij dat hij Willem II iets terug heeft kunnen geven en vindt dat ze die dikke zeven miljoen wel verdienen.

Er wordt hem ook gevraagd naar die beruchte 75 minuten, naar zijn debuut waar maar geen vaste plek in de basis op volgde: 'Natuurlijk had ik graag meer minuten gemaakt. Maar het liep goed bij Willem II. Trainer Jurgen Streppel had niet veel redenen om te wisselen. En in dat tweede seizoen speelde Willem II tegen degradatie. Dat was veel strijden. Ik was niet het type speler voor dat soort voetbal. Ik nam wel eens wat risico en was minder betrouwbaar in de omschakeling. Ik kan me wel verplaatsen in de gedachten van de trainer.' Nee, Frenkie is niet het type om om zich heen te slaan. Nogmaals: 'Het is jammer dat het er niet in zat. Ik had mezelf wel iets vaker opgesteld. Maar het is niet zo dat ik daar nog wraakgevoelens over heb.'

Hij hecht veel waarde aan de beker en niet alleen vanwege zijn verleden bij Willem II, maar ook omdat hij in deze negentig minuten voor het eerst een grote prijs kan pakken. Aan het einde van het seizoen zal hij Nederland vaarwel zeggen, en het is niet prettig later terug te kijken zonder titel. Nee, het zou mooi zijn om in elk geval deze titel te pakken. En wie weet wat er daarna nog in het vat zit. Ajax doet nog in alle competities mee. Misschien worden het er wel twee (de Eredivisie) en misschien wel drie (de Champions League). Maar eerst de bekerwinst. Dan kan hij in elk geval met een gerust hart afscheid nemen, voordat hij zijn geluk in het buitenland gaat beproeven. Dat is wat de bekerfinale op zondag 5 mei 2019 voor Frenkie betekent.

De Amsterdammers hebben de finale bereikt door achtereenvolgens HVV Te Werve, Go Ahead Eagles, Roda JC, Heerenveen en in de halve finale Feyenoord te verslaan.

Willem II heeft de finale bereikt na een penaltyreeks tegen AZ. De Tilburgers doen het goed onder leiding van Adri Koster: de Eredivisie loopt bijna ten einde en die zullen ze met een fraaie tiende plaats afsluiten, maar tegenover het geweld van Ajax lijken ze niet opgewassen. Kijk maar naar de resultaten van dit seizoen: op de elfde speeldag van de competitie, op 3 november, wordt het in Amsterdam een afgetekende 0-2, waarbij Frenkie de genadeklap toedeelt op een assist van Tagliafico. En op 6 april, exact een maand voor de bekerfinale, worden de Tilburgers met 4-1 ingemaakt. Die tendens herhaalt zich in Rotterdam. Erik Ten Hag houdt Veltman, Neres en Schöne op de bank en stuurt Rasmus

Kristensen, Noussair Mazraoui en Klaas-Jan Huntelaar het veld in. En het is de oud-aanvaller van Real Madrid, AC Milan en Schalke 04 die de eerste grote kans op een goal krijgt. In de 9e minuut ontfutselt Frenkie de bal aan de tegenstander door middel van een mooie sliding, daarna geeft hij een subtiel lobje op Van de Beek, die voorgeeft op Huntelaar. De 35-jarige spits tikt de bal maar net naast. Behalve deze kans geven de Tilburgers in de opening weinig weg, sterker nog, ze geven Ajax nauwelijks ruimte en creëren zelf twee kansen om op voorsprong te komen. Jammer voor Willem II maar voor de rust is het Ajax dat toeslaat. Een korte corner van Frenkie in de 37e minuut stelt Tadić in staat om van buiten de zestien een perfecte bal op Daley Blind te spelen, de verdediger knikt mooi met het hoofd binnen. Een minuut later slaat Ajax, dat in het zwart speelt, weer toe, met een fabelachtige teamprestatie. Ziyech verovert de bal op eigen helft en geeft een listig hakje waardoor de opbouw kan beginnen via Mazraoui, De Jong, Tadić, Van de Beek, Kristensen en weer Ziyech, tot veteraan Huntelaar met een schijnbeweging de verdediger voorbijspeelt en koel afrondt met links. In de 66e minuut geeft Van de Beek Huntelaar een voorzet die hij alleen maar hoeft in te tikken. Na een korte wolkbreuk wordt het ook nog 4-0 door Kristensen. Voor Ten Hag het moment om zowel Tadić als De Jong te vervangen. Met een 4-0-stand kan er weinig meer gebeuren en dus mag de jongen uit Arkel, zo vlak voor de halve finale van de Champions League, in de 78e minuut gaan rusten.

Hij loopt van het veld af en krijgt van beide supportersgroepen applaus: de Amsterdammers bedanken hem voor

een uitstekende finale, de Tilburgers zijn trots en bedanken hem voor de achtergelaten transfermiljoenen. Vader John, opa Jan en moeder Marjon kijken met een grote glimlach toe vanaf de tribune.
Ook aanvoerder Matthijs de Ligt straalt van oor tot oor wanneer hij op het gras van De Kuip, eindelijk, de beker in de lucht mag tillen. Het is ook voor hem de eerste trofee, net als voor zijn vriend Frenkie de Jong en voor nog een heleboel van die jonge gasten. Het is ook de eerste prijs voor Erik ten Hag als trainer, want als speler won hij de KNVB Beker al eens met FC Twente in het seizoen 2000-2001. Voor Ajax is dit het eerste succes in vijf jaar, de laatste keer was alweer in 2014, toen de club onder leiding van Frank de Boer landskampioen werd. Het is de eerste KNVB Beker sinds 1834 dagen. De laatste keer was op 6 mei 2010. Toen won Ajax de tweede finale van Feyenoord met 4-1. Op het veld voor de Ajacieden onder anderen Luis Suárez, die twee keer scoorde, Christian Eriksen, Jan Vertonghen en Toby Alderweireld.

De 19e KNVB Beker van Ajax is kortom een belangrijke. Dat legt De Jong na de wedstrijd uit voor de camera's van de NOS. 'Ajax had al een tijdje geen prijs meer gewonnen en voor mij persoonlijk was het ook de eerste prijs.' En hij voegt eraan toe: 'Nu zit je ook niet meer tegen die eerste prijs aan te hikken, anders krijg je misschien verhalen van: "Ze spelen leuk, maar ze pakken geen prijzen". Nu hebben we er een.' Niet dat de middenvelder, die op het punt staat om naar Catalonië te verhuizen, verzadigd is: 'Laten we hopen dat we er nog twee pakken.'

De Amsterdammers zijn inderdaad slechts vier wedstrijden verwijderd (twee in de Champions League en twee in de Eredivisie) van het herhalen van de historische treble, namelijk die van het seizoen 1971-1972 met Johan Cruijff in het veld en Ştefan Kovács op de bank.

In de competitie staan Ajax en PSV samen aan kop, maar Ajax heeft een beter doelgemiddelde. De laatste twee wedstrijden moeten de Amsterdammers thuis tegen Utrecht en uit tegen De Graafschap, terwijl PSV het moet opnemen tegen AZ en Heracles. Afhankelijk van wat er in Eindhoven gebeurt zou de titel op zondag 12 mei binnengehaald kunnen worden, uitgerekend de dag van Frenkies 22e verjaardag. Iets wat Frank de Boer als trainer mocht meemaken in 2011.

Maar eerst is het tijd voor de return van de halve finale Champions League tegen Tottenham, op woensdag 8 mei in de Johan Cruijff ArenA. De uitwedstrijd in Londen hebben de rood-witten met 0-1 gewonnen (doelpunt van Donny van de Beek in de 15e minuut). Toch is De Jong, zo vertelt hij aan de vooravond, niet heel tevreden over het vertoonde spel. 'We moeten beter spelen dan de vorige week. In Londen hadden we een heel goed eerste halfuur, maar in de tweede helft hebben we ons op onze eigen helft opgesloten en het initiatief aan de Spurs gegeven.' Hij weet dat Mauricio Pochettino, de Argentijn op de bank bij Tottenham, niet over Harry Kane kan beschikken. Hij weet dat de Spurs heel wat klappen te verduren hebben gekregen, dat er op zaterdag 4 mei nog van Bournemouth is verloren en dat Song en Foyth met rood uit het veld zijn gestuurd. In de Premier League staan ze derde met zeventig punten en moet deelname aan de Champions League volgend jaar in de laatste wedstrijd tegen Everton worden veiliggesteld. De regisseur op het middenveld van Ajax is zich van dit alles bewust en misschien weet hij ook wel dat de bookmakers Ajax inmiddels als de favoriet hebben bestempeld.

De vooruitzichten zijn kortom goed, en als alles een beetje loopt zoals verwacht, dan kan Frenkie zich met zijn ploegmaten op 1 juni in het Wanda Metropolitano van Atlético Madrid opmaken voor de finale tegen Messi & co. Want het team waarvan hij volgend jaar deel zal gaan uitmaken, heeft Liverpool in de eerste wedstrijd van de halve finale Champions League praktisch uitgeschakeld door met 3-0 te winnen. 'Dat zou heel bijzonder zijn,' laat de toekomstige Barça -speler weten, 'maar ik wil nog niet over de finale praten, eerst moeten we tegen Tottenham. We hebben nog niet gewonnen. Een halve finale Champions League is een wedstrijd op zich.' Dat kun je wel zeggen, ja. Ik denk niet dat Frenkie kon bevroeden hoezeer hij daar gelijk in zou krijgen.

In de ArenA staat Ajax in de 54e minuut namelijk op een 2-0-voorsprong. Ajax is sterk begonnen. Na een fabelachtige redding van Hugo Llorris op een schot van Tadić in de derde minuut, is het Matthijs de Ligt die op een corner van Lasse Schöne wegloopt van zijn mandekker en wederom raak kopt. In de 35e minuut is het de beurt aan Hakim Ziyech, die de bal van Tadić ontvangt en van ver met links uithaalt. Lloris kan er onmogelijk bij. Met de uitgoal van Van de Beek meegerekend staat Ajax op een comfortabele 3-0.

Maar in vier minuten ziet alles er anders uit.

54e minuut: razendsnelle tegenaanval van Dele Alli en Lucas Moura. De Braziliaan weet zich tussen De Jong en Schöne te wurmen en schuift met links de 2-1 binnen. Voor de Spurs gloort een glimpje hoop.

58e minuut: André Onana redt in een reflex op Fernando Llorente, maar de bal blijft in de vijf meter liggen en in plaats van de bal weg te werken lopen de keeper en Schöne elkaar in de weg. Tot overmaat van ramp verricht Lucas Moura een kunststukje: hij verovert de bal met zijn rug naar de goal, en in een vierkante meter vol rood-witte shirtjes lukt het hem te dribbelen en te draaien en de verre hoek te vinden.

Het wordt stil in de ArenA. Ajax wordt nerveus en dat merk je aan het spel, en het weigert zich in te graven. De club blijft trouw aan de aanvallende speelstijl en creëert kans op kans maar blijft ook ruimte geven aan een herboren Tottenham, dat ineens beseft dat het heel dicht bij een herrijzenis is.

79e minuut: Ziyech haalt uit voor de 3-2. Een krachtig afstandsschot dat in plaats van tegen het net op de rechterpaal uiteenspat. Ziyech trekt het shirt over zijn hoofd, hij kan het niet geloven.

96e minuut: laatste kans voor de Spurs, er zijn nog maar een paar seconden te spelen tot het eindsignaal. Lange, hoge bal. Llorente, de Spanjaard, vangt op en de bal komt via Alli weer bij Lucas Moura; de oud-speler van PSG is sneller dan De Ligt en schiet in de lage hoek. Lucas Moura wordt helemaal gek van vreugde en opent zijn armen als het

Christusbeeld in Rio de Janeiro, met een hattrick zorgt hij er persoonlijk voor dat Ajax niet naar de finale gaat.

Matthijs de Ligt, Frenkie de Jong en de andere rood-witten zakken op de grond neer. Uitgeput, kapot, helemaal leeg. In de laatste seconde, op het allerlaatste ogenblik wordt ze de finale voor de neus weggekaapt. Een finale die Ajax, na 23 jaar, zo graag had gespeeld.

'It happened again,' kopt *The Times* die daarmee refereert aan het feit dat The Spurs de tweede Engelse ploeg zijn die, in twee avonden, een 0-3-achterstand weet om te buigen. Dinsdagavond had Liverpool op Anfield het onwaarschijnlijke gepresteerd door Barcelona met 4-0 uit schakelen. Er komt dus geen treffen tussen de twee scholen van het totaalvoetbal. De finale in Madrid wordt een Engels onderonsje.

Voor de jonge spelers van Ten Hag is het een harde les. 'We waren zo dichtbij, wat een teleurstelling,' zegt De Jong, die de fans bedankt die op de tribunes staan om hun helden te bedanken voor een ongelooflijk seizoen. 'Het is echt mooi dat ze dat doen. Knap ook, omdat zij net als wij enorm teleurgesteld zijn. Maar ik kan er nog niet blij van worden, de pijn is te groot.' Een pijn die wellicht verzacht kan worden door de landstitel te pakken.

18.

Landskampioen

Een foto samen met Abdelhak, Appie, Nouri met het rugnummer 34. Eronder de woorden: 'Vandaag is speeldag 34, mijn laatste wedstrijd in dit geweldige shirt. Laten we het doen voor onze vriend.' Het is de post die Frenkie de Jong op 15 mei 2019 op zijn eigen Instagram-profiel zet.

Dezelfde dag denkt ook Donny van de Beek in *De Telegraaf* terug aan Nouri: 'Appie was zó slim, hè? Hij kwam net bij het eerste en we zaten naast elkaar in de kleedkamer op De Toekomst. "Ik vraag rugnummer 34, want de 34e landstitel, daar gaan wij voor zorgen," zei hij. Na zijn hartstilstand bleef ik maar over zijn woorden nadenken en wist ik zeker dat ik Ajax pas zou verlaten als we een keer kampioen waren geworden. Ik moest en zou die 34e titel pakken. We voetbalden allemaal ook voor Appie.'

Woensdag 15 mei, de 34e en laatste speeldag van de Eredivisie. Ajax speelt in Doetinchem, Stadion De Vijverberg, tegen De Graafschap. Virtueel zijn de Amsterdammers kampioen van Nederland. Op zondag 12 mei, vier dagen na het drama in de Champions League, hebben de rood-witten in de ArenA Utrecht van de mat gespeeld met 4-1 (goals van Huntelaar, Van de Beek en twee van Tadić). PSV, dat de eerste plaats deelde, viel door de mand en verloor met 1-0 uit bij AZ in Alkmaar. Hierdoor kreeg Ajax drie punten voorsprong (83 tegen 80) en omdat het een veel beter doelgemiddelde heeft (+84 tegen +70) kan de jonge equipe van Ten Hag de laatste wedstrijd met een gerust hart tegemoet treden. Een gelijkspel of zelfs een niet te groot verlies volstaat om landskampioen te worden. Maar liever geen risico's nemen, want het kan altijd fout gaan, net als in 2016, toen het Ajax van Frank de Boer op de laatste speeldag PSV de kampioenstitel schonk.

Deze keer spelen de Eindhovenaren thuis tegen Heracles, maar er is een doelpuntenfestijn plus een zware nederlaag van Ajax nodig om de titel nog een keer voor de neus van de Amsterdammers weg te kapen.

Ajax verzaakt niet en wint met 1-4 van De Graafschap. Lasse Schöne schiet in de 36e minuut een vrije trap binnen. In de kruising, onhoudbaar voor Bertrams. Het is alweer zijn dertiende doelpunt uit een vrije trap sinds hij in 2012 bij Ajax kwam. Niemand die de Deen daarmee overtreft in de Eredivisie. Een doelpunt dat volgt op pogingen van Tadić, Blind en Frenkie, maar steeds is het de keeper die in de weg staat. Met de voorsprong neemt Ajax even gas terug en dat komt de Amsterdammers duur te staan. In de 39e minuut weet El Jebli De Ligt te ontwijken en de bal langs Onana te schieten. De eerste poging op doel zit er meteen in: 1-1. De blijdschap van de blauw-witten is echter van korte duur. Nicolás Tagliafico zet Ajax voor de rust alweer op voorsprong. De Argentijn verovert eerst zelf de bal, vindt dan Ziyech op links, die de bal in de zestien op hem teruglegt, waardoor de verdediger zijn zesde goal van het seizoen kan intikken. Niet slecht voor een linksback. In de tweede helft scoort Ajax nog tweemaal. De eerste in de 67e minuut uit een penalty na een prachtige solo van Frenkie de Jong. De actie van de jongen uit Arkel sterft in schoonheid omdat hij op het allerlaatste moment in het strafschopgebied onderuit wordt gehaald. Vaste penaltynemer Tadić schiet onberispelijk binnen: 1-3. In de 86e minuut schiet dezelfde Tadić na een mooie actie hard binnen, waardoor hij op 28 doelpunten komt, en daarmee, samen met Luuk de Jong, topscorer van de Eredivisie wordt. In totaal komt de Serviër op 37 doelpunten en 24 assists. Aan het einde van de wedstrijd staan de reserves ongeduldig te wachten bij de spelerstunnel in speciale kampioenshirtjes. 90+2, eindelijk is het zover. PSV heeft Heracles wel met 3-1 verslagen, maar schiet daar niets mee op. Ajax wint het landskampioenschap met drie punten voorsprong en mag na een lang en mooi seizoen eindelijk feest gaan vieren.

Na de KNVB Beker wordt ook de landstitel gepakt. De 34e voor Ajax: geen enkele club komt daarbij in de buurt (PSV blijft op 23 titels steken en Feyenoord op 15). Amsterdam heeft er wel vijf jaar op moeten wachten, en het zag er lange tijd niet naar uit, omdat Ajax op een gegeven moment zelfs zes punten achterstond op PSV. De opening was niet best: Ajax speelde meteen de eerste wedstrijd thuis 1-1 tegen Heracles, en de 0-3 tegen PSV op de zesde speeldag deed het ergste vrezen. Ook omdat de Eindhovenaren de winstpartijen aan elkaar bleven rijgen. Twintig speelrondes lang moesten de Amsterdammers zich tevredenstellen met de tweede plaats. Maar ze gaven niet op en ondanks twee misstappen (0-1 tegen Heracles en AZ) en een enorme zeperd (de 2-6 tegen Feyenoord) kroop de club uit de hoofdstad langzaam dichterbij. Als PSV dan in april met 3-3 gelijkspeelt tegen Vitesse, neemt Ajax de koppositie over en zal die ook niet meer afstaan. Het seizoen wordt afgesloten met een record: 86 punten (28 overwinningen, 2 gelijkspelen, 4 nederlagen), 119 doelpunten voor (een gemiddelde van 3,5 goal per wedstrijd) en 32 tegen.

Al met al een geweldig seizoen dus, dat al begon op 25 juli tegen Sturm Graz, in de tweede voorronde van de Champions League. 58 wedstrijden en een resultaat om de vingers bij af te likken: 43 overwinningen, 9 gelijkspelen, 6 nederlagen, 175 doelpunten voor, 51 tegen. Maar buiten de cijfers, het is een manier van voetballen, een uitstraling waar heel Europa verliefd op wordt. Doodzonde van dat ene moment in de allerlaatste seconde van de blessuretijd dat ze de Champions Leaguefinale heeft gekost.

Maar het 34e kampioenschap is vooral zo speciaal omdat het een eerbetoon is aan Abdelhak Nouri. Deze titel is gewonnen voor nummer 34, Appie, en de spelers voelen dat heel sterk. Als dat drama op 8 juli niet had plaatsgevonden, had hij daar gewoon bij kunnen staan in Doetinchem, samen met zijn vriend Van de Beek en met De Ligt en Frenkie. Hij mag dan fysiek niet aanwezig zijn geweest, zijn aanwezigheid voelde je op het veld en op de tribunes. Op de spandoeken zie je zijn gezicht en zijn rugnummer. Op de speciale shirtjes, die na de wedstrijd worden aangetrokken, staat 'kampioen' met daaronder rugnummer 34 en op de mouwtjes in het rood het silhouet van Appie: met zijn duimen wijst hij naar zijn rugnummer: 34.

'Nouri, Nouri, Nouri,' scanderen de honderdduizend fans die op het Museumplein bijeen zijn gekomen voor de huldiging. Behalve het hele kampioenselftal staan ook Mohamed en Mo, de vader en broer van Appie, op het podium. 'De droom van mijn zoon is uitgekomen. Dank jullie wel,' roept de vader in de microfoon. 'En dan wil ik nog één ding kwijt: wij zijn Ajax, wij zijn de beste!'

'We love you, Nouri, we do,' luidt het antwoord van de menigte. Een onvergetelijke huldiging, daar op het Museumplein, met rode rookpluimen en duizenden liters bier. Qua sfeer doet het denken aan de laatste keer dat de Amsterdammers de Champions League hebben gewonnen, in 1995. Toen won het Ajax van Louis Van Gaal in Wenen met een doelpunt van Patrick Kluivert van het Milan van Fabio Capello.

De Amsterdammers mogen nu net zo trots zijn, ook al is de finale gemist. De Ligt verwoordt het zo als hij de beker en de kampioenschaal mag tonen: 'We hebben Bayern München weggespeeld, we hebben Real Madrid weggespeeld, we hebben Juventus weggespeeld. Wij zijn niet te stoppen en hebben laten zien wie Ajax en wat de stad Amsterdam is. We hebben aan die man hierboven laten zien wat-ie van ons verwachtte,' roept de aanvoerder, natuurlijk refererend aan de onlangs overleden clubicoon Johan Cruijff.

Het is een stad die een gouden generatie huldigt. Een

feest waarop afscheid wordt genomen van het tijdperk, als je daar van kunt spreken, van De Jong bij Ajax. Na vier lange seizoenen valt het doek voor de jongen uit Arkel, die zich van reserve bij Willem II heeft opgewerkt tot een van de meest begeerde middenvelders van Europa voor wie Barcelona een fortuin heeft betaald. En het verhaal van die vier jaar kon eigenlijk niet beter eindigen. Natuurlijk is de CL-finale gemist, maar Frenkie heeft wel de eerste twee grote prijzen van zijn nog jonge carrière te pakken.

Het laatste seizoen heeft Frenkie met het rood-witte shirt nummer 21 in totaal eenendertig wedstrijden gespeeld in de Eredivisie. Twee keer zat hij op de bank, en één keer was hij geblesseerd. Hij scoorde drie doelpunten. Op de elfde speeldag, 3 november, maakte hij tegen zijn oude club de 2-0. Op 8 december scoort hij uit de tweede tegen PEC Zwolle: 1-4. De laatste maakt hij op 23 december in de 95e minuut tegen Utrecht.

Hij is uitgeroepen tot speler van de maand december en februari en uiteindelijk ook tot speler van het seizoen 2018-2019 voor de 2516 minuten in de Eredivisie, waarbij 73,5 procent van zijn dribbels succesvol was, en 91,2 procent van zijn passes aankwamen.

In de Champions League heeft de spelverdeler van Ajax niet gescoord, wel heeft hij zeventien wedstrijden gespeeld. Alleen die tegen Bayern München miste hij vanwege de kuitblessure. Voor de beker heeft hij vier wedstrijden gespeeld. Kom je op een totaal van tweeënvijftig wedstrijden voor Ajax met een constant hoog rendement. En daar moeten we dan nog zijn zeven wedstrijden in Oranje bij optellen.

Kortom, een fantastisch seizoen dat hem, op 15 mei, met overgrote meerderheid der stemmen de Johan Cruijff Prijs 2018-2019 oplevert voor het grootste talent in de Eredivisie. De award wordt sinds 2003 uitgereikt door de Johan Cruyff Foundation. Met deze prijs wilde Cruijff jonge voetballers een duwtje in de richting van een nog betere toekomst geven en hen helpen iets te doen op maatschappelijk vlak. Jordi Cruijff, de juryvoorzitter, legt uit waarom de keuze op De Jong is gevallen: 'Eigenlijk is dit een heel logische keuze. Het is ongelooflijk knap dat De Jong zo zijn focus op Ajax heeft kunnen houden, nadat zijn transfer naar Barcelona bekend was gemaakt. Hij heeft zowel op nationaal als internationaal niveau zijn stempel op de prestaties van Ajax weten te drukken en een enorme stap gemaakt. Een altijd fris ogende speler die alles in zich heeft om een internationale topper te worden.'

Frenkie de Jong reageert enthousiast: 'Ik ben enorm trots op het winnen van deze eervolle prijs. Cruijff was de grootste Nederlandse speler ooit en heeft het voetbal veranderd. Ik ben een enorme fan van zijn speelstijl en vind hem een prachtig mens. De door hem opgerichte Foundation doet mooi werk. Sporten is belangrijk, dat moet voor alle kinderen mogelijk zijn. De projecten van de Foundation maken dat voor zo veel mogelijk kinderen, en diverse doelgroepen, mogelijk. Dat ik hier op mijn manier een steentje aan kan bijdragen is fantastisch.'

Drie dagen daarvoor, op zijn 22e verjaardag, is Frenkie nog bedolven onder een emotioneel onthaal van de Ajaxfans. Aan het einde van de wedstrijd tegen Utrecht, hetgeen zijn laatste thuiswedstrijd in de Johan Cruijff ArenA zal zijn, loopt hij naar de tribune toe om de fans te bedanken. Die weten echter van geen ophouden en blijven zijn naam scanderen. De hele tribune komt overeind. Als hij later omgekleed en al met Mikky het stadion wil verlaten, staan de fans buiten op hun helden te wachten. Erik ten Hag gooit vanaf het balkon zijn handen in de lucht. Dušan Tadić smijt, alsof het een Balkanbruiloft is, zijn giletje naar beneden, terwijl Huntelaar lachend toekijkt. Frenkie lijkt een beetje beduusd door de euforie van de fans onder hem. Hij kijkt naar beneden, pakt zijn sjaaltje en zet dan huppend een van de populairste supporterssongs in: 'Negentig minuten lang, voor onze club uit Amsterdam...' Het publiek volgt Frenkie, die nu als een dolle met zijn sjaaltje staat te zwaaien: 'Gekkenhuis op de tribune, niemand die ons stoppen kan.' Beneden klinken trommels en wappert een vlag met het nummer 14. Voordat Frenkie vertrekt applaudisseert hij nog één keer.

En om iedereen te bedanken zet De Jong op 31 mei een video op zijn Instagram-profiel, waarin vier jaar Ajax voorbijkomt. De mooiste beelden, het eerste contract, zijn debuut, de interviews, de goals, de trucjes, zijn teamgenoten. Op de achtergrond een pianosonate en deze tekst: 'Ik heb me vanaf de eerste dag dat ik hier binnen kwam thuis gevoeld dankzij de lieve mensen die bij deze club werken. Ik heb genoten van de manier waarop er hier gedacht wordt over voetbal en hoe het gespeeld moet worden. De kwaliteit van de staf en de spelers waar ik mee samen heb mogen spelen en werken was geweldig. Elke dag kwam ik met heel veel plezier naar de club toe en daar wil ik iedereen die iets voor Ajax doet voor bedanken. Supporters jullie waren geweldig! Tijdens de Europese avonden was er een geweldige sfeer die ik niet snel zal vergeten. Dit seizoen veroverden we Europa, wonnen we de beker en de 34ste landstitel. Ik ben super trots dat ik voor deze fantastische club heb mogen spelen. AFC Ajax bedankt.'

19.

Een magische avond

Young player of the tournament: Frenkie de Jong.

> 'Continues to show improvement as a young player and his development in this tournament will help him to mature again. Had a good tournament for a young player.' – David Moyes, UEFA Technical Observer.

Zondag 9 juni 2019, het Estádio Do Dragão, de thuishaven van FC Porto. Tijd: 22.37 uur. Alberto Undiano Mallenco, de Spaanse scheidsrechter, fluit voor het einde van de wedstrijd, de laatste in zijn lange loopbaan als arbiter. Nederland heeft de finale tegen Portugal voor de UEFA Nations League verloren. Frenkie heeft niet zijn normale niveau gehaald. Hij kwam niet in zijn spel, omdat hij in de tang zat bij William Carvalho, die voortdurend druk op hem uitoefende, waardoor hij bijna verplicht als een soort centrale verdediger kwam te spelen om een actie te kunnen maken. Een positie waarin hij niet direct gevaarlijk kon worden. Waar hij bij Ajax is gewend om het spel te bepalen, kwam hij daar tegen de Seleção geen moment aan toe: hij had geen aanspeelpunten, niemand om zich heen om op te bouwen, de gaten in de ruimte, die hij normaal eerder ziet dan anderen, kon hij niet vinden, de steekballetjes waarmee hij zijn losgekomen ploeggenoten normaal weet te lanceren bleven uit. Of het nu door de druk van de tegenstander kwam, of door al die ballen die over hem heen vlogen op zoek naar de rennende Babel, langzaam maar zeker zakte Frenkie weg, en daarmee heel Nederland. Toen Ronald Koeman besloot om Bergwijn eruit te halen voor Van de Beek, de ideale handlanger van Frenkie, was het al te laat.

23.16 uur: De Jong wordt aangewezen als beste jonge speler van het toernooi. Bernardo Silva, de Portugese nummer 10, is uitverkozen tot de beste speler van het toernooi.

'Ik had liever met het team het toernooi gewonnen,' verklaart Frenkie voor de microfoons van de UEFA, 'maar het is altijd een hele eer om een individuele prijs in ontvangst te mogen nemen.'

De jongen uit Arkel heeft de uitverkiezing overigens dik verdiend. Denk maar aan de groepsfase, met wedstrijden om in te lijsten tegen Frankrijk op 16 november en tegen Duitsland op 18 november.

In Guimarães, drie dagen voor de finale, werd hij in de halve finale tegen Engeland zelfs door de UEFA uitgeroepen tot MVP. Nogmaals David Moyes: 'It was an all-round complete performance by De Jong. He controlled the speed and tempo of the game, underlining his qualities as an influential midfielder.'

Om de magie van de nummer 21 van Oranje te beschrijven wordt Barney Ronay van *The Guardian* bijna lyrisch: '[Hij] is net een voetballende eenhoorn, met toverstof en regenbogen, en voeten die nauwelijks een afdruk achterlaten.' Minder poëtisch, meer analytisch, maar even enthousiast is *The Times*. De Londense krant verwijst naar de halve finale van het WK in Rusland een jaar eerder tegen Kroatië: 'De geschiedenis herhaalt zichzelf... weer ploeterde Engeland tegen een tegenstander die sneller dacht en sneller handelde. Net als tegen Modrić wist Engeland geen grip te krijgen op het middenveld, en deze keer was het een weergaloze Frenkie de Jong die de show stal.'

En dan zijn er nog de droge statistieken die aan duidelijkheid niets te wensen overlaten: Frenkie is de speler die het meest van allemaal heeft gelopen (14,3 kilometer), die de meeste balcontacten heeft gehad (128), die de meeste passes heeft gegeven (namelijk 105, waarvan 96,3% aankwam), hij had de meeste tackles (5) en veroverde het meest de bal (13). Cijfers die de betrokkene zelf blijkbaar nog niet overtuigen: 'Ik had sommige ballen nog wel iets beter mogen spelen...' zegt hij zelf. Het moge duidelijk zijn dat De Jong een perfectionist is.

Ook bondscoach Ronald Koeman is tamelijk lyrisch over Frenkie na de wedstrijd. 'De Ligt en De Jong zijn uitzonderlijk goed. Vooral Frenkie heeft een topwedstrijd gespeeld. Ik hoorde dat hij is uitgeroepen tot man van de wedstrijd. Dat is verdiend,' zegt de bondscoach van Oranje. 'Iedereen is onder de indruk over wat hij allemaal met de bal kan, de rust waarmee hij de beste oplossing zoekt, maar ook verdedigend staat hij zijn mannetje, hij verovert keek op keer de bal van de tegenstander. En het lijkt allemaal zo eenvoudig bij hem...'

Niet dat de overwinning op het elftal van Gareth Southgate zo eenvoudig verliep. Daar waren behalve 120 minuten speeltijd ook nog het ingrijpen van de VAR, en twee forse defensieve flaters van The Three Lions voor nodig. De Nederlander die in de reguliere speeltijd zowel in negatief als in positief opzicht het verschil maakte, was Matthijs de Ligt. De 19-jarige veroorzaakte na een halfuur een schlemielige penalty. Marcus Rashford, de aanvaller van Manchester United die in het veld stond voor Harry Kane, maakte van elf meter geen fout. De Nederlanders gingen met een 1-0-achterstand de rust in.

Na de wedstrijd verklaart Frenkie dat Koeman er in de rust op had aangedrongen dat ze moesten blijven doorgaan: 'Dat er een heleboel ruimte tussen hun verdediging en het middenveld zat, maar we dat we iets meer moesten combineren op hun helft van het veld.' Zo gezegd, zo gedaan. De Ligt was zelf degene die zijn geklungel goed maakte. Een weergaloze kopbal: net als tegen Juve en net als tegen Tottenham in de Champions League. Het is 1-1. De Ligt maakte niet alleen zijn fout goed, hij gaf Nederland ook vleugels. En net op het moment dat Nederland de wedstrijd naar zich toe leek te trekken, scoorde de ingevallen Jesse Lingard, maar de VAR constateerde dat hij, een paar millimeter, buitenspel stond. In het vervolg was het vooral Oranje dat aandrong, maar het was aan het gepruts van John Stones te danken, die zich verslikte in Memphis, dat

Promes de 2-1, ook nog via het been van Kyle Walker, kon intikken. En het was nog niet op, want even later gaf Ross Barkley de bal simpelweg af aan Memphis, die strak doorspeelde op Promes: 3-1.

De Nederlanders juichen op het gras van het Estádio D. Afonso Henriques in Guimarães. En Frenkie geeft commentaar: 'Het is een geweldig jaar voor ons geweest. Helaas werden we met Ajax ongelukkig uitgeschakeld in de halve finale Champions League, maar we veroverden de landstitel en de beker. Nu hebben we nog een mogelijkheid om een prijs te pakken.' En dan nog even kort een paar woorden over de toekomstige tegenstander: 'Portugal heeft een heleboel sterke spelers. Ik zag ze tegen Zwitserland spelen en wie anders dan Ronaldo maakte het verschil; we zullen hem in de gaten moeten houden. En de vermoeidheid hadden we wel gevoeld bij een verlies, maar niet bij winst. We zijn allemaal redelijk fit en hebben de laatste tijd weinig wedstrijden gehad.'

De vraag bij het duel van het nieuwe Oranje van Koeman tegen het Portugal van Fernando Santos is hoe Cristiano & co. de muur De Ligt-Van Dijk willen gaan slechten en hoe ze De Jong willen gaan tegenhouden. Wat wordt de tactiek van beide ploegen, gaat Koeman voor een sterk middenveld of gaat hij de lange bal hanteren, en zal Santos zijn magische viertal opstellen (Ronaldo, João Félix, Bruno Fernandes, Bernardo Silva)?

Cristiano, die volgens Frenkie in de gaten moet worden gehouden, heeft er alle vertrouwen in: 'We spelen thuis en zullen alles geven wat we hebben. Als we er samen voor gaan kunnen we kampioen worden.' Geen haar op zijn hoofd die eraan denkt het drama van vijftien jaar geleden nog eens dunnetjes over te doen, toen hij in huilen uitbarstte na de thuisnederlaag in de EK-finale tegen Griekenland, of die keer dat hij na een paar minuten spelen in de EK-finale van 2016 vanwege een blessure op de bank plaats moest nemen. Deze keer wil hij op het veld staan én winnen, en dat zal ten koste moeten gaan van de aanstormende talenten van Ajax. Hij heeft ook alle reden voor wraak, want het is nog niet zo lang geleden dat de jonge honden uit Amsterdam zijn Juventus uitschakelden in de halve finale van de Champions League. Die stunt mogen de Nederlanders niet nog een keer herhalen. Dit is zijn finale, een finale waarin hij eindelijk eens wil scoren.

Helaas voor CR7, ook deze keer zit dat er niet in. De held van de wedstrijd wordt Gonçalo Guedes. Precies een uur gespeeld: De Ligt stapt te vroeg uit op Guedes, de bal rolt door op Bruno Silva, die Van Dijk verrast door terug te spelen naar het centrum, waar Guedes weer opduikt. De nummer 17 ramt hem hard op doel, Jasper Cillessen kan de bal nog toucheren, maar niet keren. Het is de eerste goal van Guedes met de Seleção, het is en blijft 1-0, Portugal wint de finale van de Nations League.

'Als je als team zo dicht bij een prijs bent, wil je hem ook winnen. Helaas speelden we vanavond niet onze beste wedstrijd. We hebben te weinig kunnen combineren en opbouwen. Ik in ieder geval niet,' verklaart Frenkie achteraf. 'We hebben de ruimte tussen de linies niet goed gebruikt. Natuurlijk was de wedstrijd tegen Engeland zwaar, maar dat mag geen excuus zijn. We hebben hoe dan ook laten zien dat iedereen nu serieus rekening met ons moet houden. We hebben veel ervaring opgedaan in deze finaleronde. We moeten ons nog plaatsen voor het Europees Kampioenschap maar dit zal ons alleen maar helpen. Dus hopelijk komt dat goed en spelen we nog beter.'

Nederland zet zijn goede resultaten voort in de kwalificatie naar het EK 2020. In de gewonnen uitwedstrijd tegen aartsrivaal Duitsland (2-4) zal Frenkie zijn eerste doelpunt voor Oranje maken.

20.

bARKELona

'Ja estic aquí. Força Barça.'

De uitspraak is niet perfect, maar het kan ermee door. Frenkie is zojuist geland op het vliegveld van Barcelona El Prat en kondigt in zijn beste Catalaans officieel zijn komst aan.

Hij is aangekomen in een privéjet samen met zijn vriendin Mikky, zijn broer Youri, zijn vriend Sander Dekkers, zijn zaakwaarnemer Ali Dursun en een cameraman en een geluidstechnicus die ieder detail opnemen. Het is 4 juli 2019, 18.00 uur. Bijna een halfjaar nadat de speler een akkoord met de club heeft gesloten is het tijd voor de handtekeningen en de officiële presentatie. Na bijna een maand vakantie in Tanzania en op de Seychellen is het tijd om weer aan het werk te gaan.

De jongen uit Arkel, wit Nike T-shirt en zwarte trainingsbroek, loopt met zijn handen in zijn zak een zaaltje van de terminal in. Met zijn telefoon lanceert hij even later zijn boodschap aan de fans, en met de nieuwe Barça-look: de blauwe polo met het donkerblauwe en granaatrode logo van de blaugrana. Bij de uitgang van het vliegveld staat er geen juichende meute te wachten, slechts een paar handtekeningen hier en daar en dan duikt het hele gezelschap in het zwarte Mercedes-busje. Bestemming: Camp Nou.

Frenkie ziet de stad aan zijn raampje voorbijglijden. Barcelona, zijn toekomst; de stad waar hij nog geen twee maanden eerder met Ajax een weekend is geweest om het kampioenschap en de beker te vieren; de stad waar hij ooit met zijn vriendin Mikky op vakantie was; waar ze al een huis hebben gevonden; waar hij zich al heeft laten vereeuwigen met Patrick Kluivert en zijn gezin; waar hij al een vertrouwelijk etentje had in restaurant Torre d'Alta Mar met Josep Maria Bartomeu en Jordi Mestre, respectievelijk de voorzitter en de (toenmalige) vicevoorzitter van FC Barcelona.

Het tweede examen Catalaans vindt plaats in het Mercedes-busje: het zingen van de eerste coupletten van het clublied van Barcelona. Dat is niet niks. Arme Frenkie... Maar ook deze keer slaagt hij.

Op Camp Nou worden er mensen ontmoet, handen geschud, schouderklopjes uitgedeeld. Mensen filmen met telefoontjes, en ook de camera's van de eigen club willen geen seconde missen van de eerste stappen van de jonge Nederlander bij Barcelona.

Voor de tweede keer moet Frenkie zich omkleden: deze keer voor het officiële Barça-shirt seizoen 2019-2020. Een Kroatisch ruitjespatroon dat de traditionele verticale strepen vervangt. Een model dat is geïnspireerd op het stratenpatroon van de grote stadswijk Eixample. In zijn nieuwe outfit wordt hij verenigd met de rest van het comité uit Arkel: daar is zijn vader in de Sala Roma, met zijn korte broek, die hij van april tot oktober draagt, en daar is ook opa De Bruijn. De 22-jarige poseert, met de bal aan de voet, voor de fotografen. De camera's blijven maar klikken, er komt geen einde aan. Er wordt hem een doos toegeworpen, Frenkie pakt hem uit de lucht, hij opent hem nieuwsgierig en ontdekt het uitshirt van het nieuwe seizoen: geel met een blauw-paarse diagonale band. Een hommage aan veertig jaar La Masia, het opleidingscentrum van Barcelona. Het doet denken aan het shirt dat Johan Cruijff en Johan Neeskens in de jaren zeventig, tachtig droegen. Frenkie lijkt tevreden met de kleuren. Hij weet waarschijnlijk niet dat het geel in de ban werd gedaan na de nederlagen tegen Manchester United, Metz en Osasuna, omdat iemand dacht dat het ongeluk zou brengen...

Na de eerste fotoshoot wordt de rondleiding door Camp Nou vervolgd, terwijl John en Youri in de Sala Roma een balletje hoog houden. Van boven kijkt men neer op de grasmat die men aan het vernieuwen is en de lege tribunes. Dan is het tijd voor het museum: de bekers van de Champions League en andere Europese competities, gouden ballen en een verrassing. Op de brede wand waar normaal de beelden worden geprojecteerd van de mooiste acties en doelpunten van de Barcelona-spelers verschijnen ineens achter elkaar de gezichten van Marjon, Youri, John, opa Jan, Ali Dursun, Mikky, Sander Dekkers. Iedereen heeft een korte videoboodschap voor Frenkie: 'Gefeliciteerd, we zijn enorm trots op je en toi toi'. Vader John de Jong weidt wat verder uit:

'Het is ons inziens de mooiste club van de wereld. De beste voetballer aller tijden heeft er gespeeld, en wat nu de beste spelers is, die speelt er inmiddels ook. Dat is natuurlijk fantastisch dat je daar mee mag gaan spelen. De president zei dat je hier wel eens voor een hele lange tijd kunt gaan spelen en ik denk persoonlijk dat je kunt uitgroeien tot een legende bij Barcelona.'

Na afloop is de jongen uit Arkel zichtbaar geëmotioneerd. Hij wordt door iedereen gefeliciteerd. En niet alleen zijn familie en dierbaren wensen hem een rooskleurige toekomst. Ook Ajax heeft speciaal aan hem gedacht. De Nederlandse club heeft een pagina gekocht in de twee plaatselijk sportkranten *Sport* en *Mundo Deportivo*. Naast een foto van Frenkie in het rood-wit staat er: 'Barça, Enjoy the future like we do. Molta sort Frenkie.' En precies dezelfde gelukwens verschijnt op een toeristenbus die door de stad heen rijdt. Een mooie geste van de Amsterdammers. Iets minder uitbundig, maar evengoed gemeend, zijn de felicitaties die Willem II via internet stuurt met zijn nieuwe avontuur.

Met al die emotionele taferelen en marketingverplichtingen vliegt de eerste dag in Barcelona voorbij. Pas om halfelf 's avonds kan de afvaardiging eindelijk gaan dineren in restaurant Buenos Aires op de Carrer de València. Heel laat voor een Nederlandse familie die gewend is om om halfzes, uiterlijk zes uur aan tafel te gaan. Want voordat ze aan de *bife*, *la morcilla*, *las empanadas* of *el combinado de mar y montaña* kunnen, moet Frenkie zich om 21.00 uur nog een keer melden voor een oneindige fotosessie in de Megastore van Camp Nou, met zijn duim omhoog voor het clubembleem. Een muur van statieven en flitsende fototoestellen. En daarna een kiekje samen met Mikky, met zijn vader, met de hele groep, met alle medewerkers van de winkel. Frenkie krijgt zelf uitleg over hoe de naam F. de Jong op een nieuw shirt wordt gedrukt. Het nummer ontbreekt nog, maar de volgende dag zal er een lange rij etalagepoppen staan dat het shirt met zijn naam draagt.

Vrijdag 5 juli is D-day voor Frenkie: de officiële presentatie, het debuut van de Zwaan van Arkel, zoals *La Vanguardia* hem heeft gedoopt. Om 17.30 uur gaan de hekken van Camp Nou open.

In de ochtend worden Frenkie en zijn gevolg opgehaald voor weer een rondje in het zwarte Mercedes-busje. Om 8.30 uur moet De Jong vergezeld door Dursun zich voor de verplichte medische keuring melden. Hij wordt gewogen en gemeten, er wordt bloed afgenomen, er wordt een ECG gemaakt in rust en bij inspanning, zijn bloeddruk wordt gemeten en na een uur mag hij weer gaan. Goedgekeurd. Next step: make-up, licht en cut: tijd voor het interview met Barça TV.

18.15 uur: in de President Suñol Box tekent Frenkie het contract in het gezelschap van voorzitter Bartomeu. De jongen draagt een net bruin colbertje, witte blouse, grijze broek en zijn haren zitten strak naar achter. Een contract van 75 miljoen plus 11 miljoen aan bonussen en een uitkoopclausule van 400 miljoen. Na ondertekening worden er foto's gemaakt van Frenkie, die met twee handen het geruite shirt in de lucht houdt, van Frenkie en Bartomeu, om de beurt met iemand van het bestuur, en ook met Mikky.

Frenkie heeft voortdurend een grote glimlach op zijn gezicht gedrukt staan, hij lijkt wel Charlie Bucket op bezoek in de chocoladefabriek. En in tegenstelling tot Willy Wonka kan er bij Bartomeu, die de Nederlandse topspeler door het stadion leidt, wel een lachje af. Hij is blij dat de aandacht even is afgeleid van het ontslag van vicevoorzitter Jordi Mestre, en al het politieke gekonkel. Eerder op de dag heeft hij een persconferentie moeten inlassen om uitleg te geven en de vele vragen van de pers te beantwoorden over de lopende oorlog met Atlético Madrid over Antoine Griezmann en de mogelijke terugkeer van Neymar. Maar een nieuwe aankoop presenteren doet het altijd goed en leidt even de aandacht af.

De laatste etappe van de tour is het heiligdom van het stadion: de kleedkamer. Onder het wakend oog van de camera kleedt de speler zich om.

Ondertussen lopen de tribunes vol. Om de presentatie bij te wonen zijn de mensen al om 17.00 uur onder een hete zon in de rij gaan staan. Eerst heeft men de uitnodiging moeten ophalen bij de kaartverkoop. Maar vanwege de werkzaamheden is de capaciteit aangepast en zijn alleen de Tribuna en Gol Nord geopend.

Zestien jonge mannen en vrouwen lopen in het oranje, gesponsord door het *AD*, voorbij aan de megaposter van Camp Nou met het opschrift WE COLOR FOOTBALL. Ze maken deel uit van het nationale korfbalteam. Ze zijn hier om zich voor te bereiden op het WK dat begin augustus in

Durban, Zuid-Afrika, zal worden gehouden. Morgen spelen ze tegen het nationale team van Catalonië maar vandaag zijn ze hier om voor Frenkie de Jong te applaudisseren. 'We zijn heel trots op hem, hij is de speler van de toekomst,' zegt Alwin Out. Celeste Split, zijn teamgenote, vult aan: 'Als speler blijft hij voortdurend verrassen, het is een genot om hem te zien spelen.'

Pau is 20 jaar, komt uit 'Hospitalet de Llobregat en is samen met een hele groep fans. Hij vat de nieuwe aankoop in drie kenmerken samen: 'Hij is op meerdere plekken inzetbaar, offensief ingesteld en heeft het Barça-DNA.' Job, 18 jaar uit Amsterdam, drinkt samen met Femke, ook 18 jaar, een koud colaatje in de dertig graden. Ze zijn op vakantie in Spanje en hij liet zich als trouw Ajax-fan de kans niet ontnemen om Frenkies presentatie bij te wonen. Barça en Ajax hebben volgens hem al sinds de tijd van Cruijff dezelfde voetbalfilosofie en daarom is hij ervan overtuigd dat De Jong geen aanpassingsproblemen zal hebben. Femke heeft niet veel met voetbal, maar Frenkie lijkt haar 'een leuke jongen die wel heel goed moet zijn,' zegt ze, 'als Barcelona hem voor zoveel geld wilde hebben'.

Ingang 101, in de rij voor de kaartcontrole en dan kunnen we omhoog klimmen op de Gol Nord. Camp Nou ligt er eerlijk gezegd niet op z'n florissantst bij: driekwart van de tribunes is leeg vanwege de werkzaamheden en een hele strook van het veld is bruin, in afwachting van nieuw gras. Bij de cornervlag een paspop met het nieuwe shirt en een groot scherm, met daarop BENVINGUT FRENKIE. Langs de lijn, en op de achterlijn, blauw-paarse ballen.

Om de sfeer op te vrolijken wapperen er overal vlaggen: het logo van Barça, donkerblauw en granaatrode strepen, en geel-rode strepen van de Catalaanse vlag. Een aardig cadeautje van de club aan de genodigden van de presentatie. Een animator doet zijn best het publiek te vermaken. Met een microfoon in zijn hand probeert hij de aanwezigen het clublied te laten zingen. De meesten zijn jongens en meisjes. Zoals Martì, 14 jaar en uit Barcelona, die geen enkele twijfel heeft over De Jong: 'Hij is echt ongelooflijk goed en hij heeft onze speelstijl. Heel anders dan Griezmann, die dit jaar ineens wel weer wil komen, ook al zit niemand op hem te wachten na vorig jaar.'

Miguel Ángel is een van de weinige volwassenen op de tribune. Ook hij is meer dan enthousiast over de eerste aankoop van het seizoen 2019-2020: 'Hij is een goede speler, een mix van Rakitić en Busquets. Hij kon wel eens heel goed van pas komen op ons middenveld.'

Erik is een Nederlander, maar hij woont in San Cugat del Vallès. Hij is groot Barça-fan en is blij dat zijn landgenoot bij zijn club komt: 'Hij is jong en snel, hij heeft een fijne dribbel en spelinzicht. Laten we hopen dat hij ertoe kan bijdragen dat we de Champions League weer eens winnen, het is alweer een paar jaar geleden.' Terwijl we praten hebben beneden op het veld tientallen fotografen en cameramannen hun plek ingenomen. Aan de andere kant van het kordon begint onze animator het publiek op te zwepen en te zeggen dat ze 'Frenkie, Frenkie, Frenkie de Jong' moeten roepen.

19.06 uur: daar komt de nieuwe benjamin eindelijk het

veld op, een beetje verlegen steekt hij zijn hand omhoog naar het publiek. Bijna 20.000 man, 19.850 volgens de officiële telling van de club. Niet de 65.000 die voor Neymars presentatie kwamen, of de 50.000 die voor Ibrahimović de moeite namen om naar het stadion te komen, maar het komt in de buurt van de 25.000 van Ronaldinho. Geen slecht begin voor Frenkie in zijn nieuwe thuisstadion.

Als klein jongetje bracht hij hier zo'n honderd kilometer vandaan zijn vakanties door met zijn familie aan de Costa Brava. En op 30 december 2015 was hij hier samen met Mikky naar Barcelona-Betis geweest. Als een van de vele toeschouwers. En daar loopt hij dan nu over het veld van Camp Nou, als de man waar het allemaal om draait. Hij pakt de bal en begint te jongleren, hak inbegrepen. De camera's volgen hem wanneer hij naar de achterlijn loopt zodat hij voor het grote scherm komt te staan. Ze hebben een rondo georganiseerd met kids van Barça Academy. Frenkie dribbelt erop los en de jonkies proberen hem de bal te ontfutselen.

Dan moet hij zelf iets voor de microfoon zeggen. 'Hola a todos gracias por estar aquí. Visca Barça. El Camp Nou es impresionante. Estoy ansioso por empezar a jugar. Cuando te pones por primera vez la camiseta del Barça te sientes muy orgulloso,' zegt de voormalig nummer 21 van Ajax. Hij maakt een selfie voor de tribune waar een wit spandoek hangt met een blauwe zwaan en het opschrift ASV Arkel 1956. Het zijn een paar jongens van het eerste elftal die de ontvangst van Frenkie in het Camp Nou voor geen goud hadden willen missen. Het doet me denken aan wat Rocco

Ooms ons liet zien in Arkel: een witte zwaan voor een embleem dat de kleuren van Barcelona en Catalonië verbond met die van Arkel en het opschrift BARKELONA GEMEENTE MOLENLANDEN. Over emblemen gesproken, Frenkie vergeet niet het gebaar te maken dat door de fans zo op prijs wordt gesteld, de kus op het embleem van het shirt. Perfect uitgevoerd.

Dan is het tijd voor de ballen die al klaarliggen. Frenkie de Jong signeert ze een voor een en schiet ze de tribune in naar de gillende jongens en meisjes die allemaal hun best doen om er een te pakken te krijgen. De laatste bal eindigt overigens niet in de tribune, maar overhandigt hij aan zijn meisje. De allerlaatste foto is er een met de hele familie. Ze zijn allemaal diep onder de indruk. Opa en oma De Bruijn moeten een traantje wegpinken. Moeder Marjon heeft kippenvel en vader John zegt: 'Het is onbeschrijflijk! Dat een jongetje uit Arkel dit kan bereiken… Onvoorstelbaar.'

Om 19.24 uur is het hele gebeuren afgelopen.

De volgende dag kopt *Mundo Deportivo*: 'De Jong enamora en el Camp Nou'. En *Sport* zet op de hele voorpagina: 'We *rood hartje* De Jong'.

Bij de mensen die zich naar de uitgang begeven is de stemming nog altijd positief. Vraag het maar aan Moha, 15 jaar, van origine uit Tanger, Marokko, en de gelukkige eigenaar van een van de ballen die door Frenkie het publiek in zijn geschopt. 'Hij is een geweldige speler met grote kwaliteiten. Ik denk echt dat hij ons blij gaat maken.'

Even verderop onder een enorme reclameposter van Rakuten, met daarop Jordi Alba, Sergio Busquets, Leo Messi,

Gerard Piqué en Sergi Roberto, roept een groepje jongeren luidkeels: 'Bartomeu dimisión, Valverde dimisión, Queremos a Neymar.' Het is duidelijk dat het onrustig is in het Barcelona-kamp. Waarom zijn ze zo boos en vragen ze om het ontslag van de voorzitter en de trainer? 'Omdat Bartomeu en Valverde,' legt de 17-jarige Hector uit, 'de Barça-stijl hebben verloochend, ze hebben een paar nutteloze grote inkopen gedaan in plaats van zich op de eigen opleiding te richten en de filosofie van Cruijff en Guardiola voort te zetten. Dat is onze traditie en die dien je hoog te houden. Daarom zijn we wel blij met De Jong. Hij is een speler die in ons spelsysteem past, de speler waarmee we terugkeren naar onze oorsprong.'

De speler die door iedereen wordt omarmd is inmiddels aangekomen in het Auditori 1899, waar hij wordt opgewacht door 123 journalisten voor zijn eerste persconferentie. Camera's flitsen, een introductie door voorzitter Josep Maria Bartomeu, een praatje van technisch directeur Éric Abidal, en de journalisten die hun vragen mogen afvuren, de microfoon is voor Frenkie De Jong.

20.06 uur. Naast het podium een megaposter met zijn foto en de tekst 'Frenkie de Jong un nou talent per al Barça'. De nieuwe ster kijkt ernaar als een jochie dat plotseling in een grote Hollywoodproductie is beland. Een jochie dat zich echter prima staande weet te houden. Zijn antwoorden in het Engels of Nederlands zijn kort, zonder onnodige risico's te nemen, maar hij weet wel duidelijk te maken wat voor hem belangrijk is. Er wordt hem gevraagd wat voor hem de doorslag heeft gegeven om voor Barcelona te kiezen, aangezien er zoveel clubs om hem vochten. 'Als kind droomde ik er al van om voor Barça te spelen, dus toen er vanuit de club serieus interesse voor mij bleek te bestaan, was de keuze niet zo heel moeilijk.' Op welke positie zou je het liefst willen spelen in dit Barcelona en met welke teamgenoten? 'Dat speelt voor mij niet. Alle spelers van Barça zijn grote talenten. Ik heb geen voorkeur, wat mij betreft kan ik op elke positie op het middenveld uit de voeten. Het enige wat ik wil is deel uitmaken van de basiself. Wat er verder gebeurt is aan de trainer.'

20.18 uur: laatste vraag. Zeg eens eerlijk: hoe vaak ben je, sinds je weet dat je met Messi gaat spelen, 's nachts wakker geschrokken en kon je de slaap daarna niet meer vatten?'

'Dat is me nog nooit gebeurd. Nee, ik kan juist niet wachten om te beginnen.'

Een maand later is Frenkie terug in Camp Nou. Maar deze keer niet om even een balletje hoog te houden, vragen te beantwoorden en weer weg te gaan. Nee, deze keer wordt er echt gevoetbald. Het is weer tijd voor de jaarlijkse officiële opening van het seizoen: de Trofeu Joan Gamper. Een toernooi dat in 1966 door de toenmalige voorzitter in het leven werd geroepen ter ere van de oprichter van de club Joan Gamper. We schrijven 4 augustus 2019, de vierenvijftigste editie, en de tegenstander is Arsenal.

Frenkie speelt met rugnummer 21 (een nummer dat Carles Aleñá 'vrijwillig' heeft afgestaan, ook al geeft deze laatste wel aan licht geïrriteerd te zijn omdat de clubleiding hem niet had geïnformeerd) en heeft een basisplek in het stadion waar de komende jaren, als alles goed gaat, zijn thuispubliek zal zitten.

Het is overigens niet zijn debuut in het blaugrana, want op 23 juli is hij al ingevallen in Saitama, Japan. De eerste vriendschappelijke wedstrijd van de Rakuten Cup: Barcelona tegen Chelsea. Frenkie speelt de tweede helft, einduitslag 2-1 voor The Blues. Vier dagen later speelt Barcelona tegen Vissel Kobe. Het wordt 2-0 voor de Catalanen en het levert een mooie foto op: Frenkie die in het gele retroshirt, eind-jaren-'70-stijl, Andrés Iniesta omarmt. De speler die zijn carrière in Japan afbouwt en met wie hij zo vaak wordt vergeleken. Verleden, heden en toekomst van Barça, 'het stokje dat een jaar na dato wordt overgegeven', schrijven de kranten in Catalonië. Feit is in ieder geval dat de foto op de voorpagina's van de kranten verschijnt, die in de zomer, op de transferperikelen en de vriendschappelijke wedstrijden na, weinig te melden hebben.

Na de Japanse tournee is het tijd voor de openingswedstrijd in Camp Nou, dat tot aan de nok toe vol zit (98.812 toeschouwers) met vaste kaarthouders en toeristen die van over de hele wereld komen voor dit voorproefje op het nieuwe seizoen. Het moet gezegd dat de wedstrijd op zich niet geweldig is, een beetje saai zelfs, je kunt merken dat de zomer nog niet helemaal voorbij is, het spel is een beetje traag. De Engelsen zijn iets meer in balbezit, maar de Premier League begint dan ook al over een week. The Gunners spelen overigens zonder Nicolas Pépé, de jonge aanvaller uit Ivoorkust die voor bijna 80 miljoen van Lille is overgenomen. De Catalanen spelen zonder Lionel

Messi, die last heeft van een blessure en voorlopig nog niet hersteld zal zijn.

In de 91e minuut zorgt Luis Suárez, op een mooie assist van Sergi Roberto, voor de eindstand 2-1. Het fanatieke thuispubliek en de toeristen kunnen tevreden naar huis op deze mooie zomeravond. Want behalve dat ze 'El Pistolero' Suárez scorend in actie hebben gezien, en behalve dat ze Antoine Griezmann hebben kunnen aanschouwen, die maar zijn best blijft doen om bij het op hem afgeknapte publiek in de gunst te komen, hebben ze vooral Frenkie de Jong kunnen bewonderen. De nummer 21 staat op het middenveld tussen Riqui Puig en Ivan Rakitić, als defensieve middenvelder op de plek van Sergio Busquets, en is met verve voor zijn eerste test geslaagd. Hij heeft zijn hele repertoire laten zien: zijn snelheid, zijn spelinzicht, zijn perfecte passing, de zekerheid die hij uitstraalt met de bal aan de voet. Aan het begin van de tweede helft wordt hij gewisseld voor Busquets. Maar na afloop mag hij, bijna een beetje beschroomd, nog een keer naar voren komen om de prijs van beste speler in ontvangst te nemen, gesponsord door de plaatselijke bierbrouwer Damm. Hij glimlacht, ook al is hij niet helemaal tevreden: 'Ik had niet verwacht dat ik gekozen zou worden tot man van de wedstrijd, want ik vond dat ploeggenoten beter speelden dan ik,' zegt De Jong na afloop en hij is kritisch over zowel zijn eigen rendement als dat van de ploeg. 'Het was niet de beste wedstrijd, maar dat is normaal in de voorbereiding. Vooral met het balbezit en het druk zetten kunnen we nog veel beter. Ik weet zeker dat dit goed gaat komen.'

Het publiek is minder kritisch dan Frenkie zelf. De jongen krijgt een daverend applaus.

De volgende dag post Frenkie, netjes opgevoed als hij is, twee foto's op Instagram: eentje met de ontvangen prijs in de vorm van een grote ster, en nog een actiefoto. De tekst erbij luidt: 'I want to thank the fans for the warm welcome. It was amazing to play my first minutes in the Camp Nou. Let's fight together for more trophies this season.'

Laten we het hopen.

Dankwoord

Heel veel dank aan: Hans Bliek, Henk Gaikhorst, Ingrid Cardol, Rocco Ooms, Tom de Jonge, Dylan Verschoor, Justin Vlietstra, Youri de Jong, Remie Schuurman, Maurice Buurstede, Wilber Hack, Sjoerd Mossou, David Endt, Herman Pinkster, Wouter Janssens, Rob Hendriks, Jos Bogers, Jurgen Streppel, Frank van Mosselveld, Ruben Rijpma, Henk Spaan, Menno de Galan, Arend Hosman, Saartje Schwachöfer, Pieter van der Drift, Laure Merle d'Aubigné, Roberto Domínguez.

Alsmede aan Elvira, Céline, Lorenzo, Mathieu, Olmo en Elisa voor hun adviezen.